METROPOLITAN

Weiterführend empfehlen wir in der gleichen Reihe:

Frühwarnsystem
Balanced Scorecard
ISBN 3-89623-197-9

Interim Management
ISBN 3-89623-309-2

Ihre erste Regierungserklärung
als neuer Chef
ISBN 3-89623-157-X

Das Berater-Handbuch
ISBN 3-89623-316-5

Zukunftsmärkte
ISBN 3-89623-288-6

Neue Werte – neue Wünsche
ISBN 3-89623-277-0

Schnellkurs Jahresabschluss
ISBN 3-89623-300-9

Kernkompetenzen und
Fokussierung
ISBN 3-89623-317-3

Wir freuen uns über Ihr Interesse an diesem Buch. Gerne stellen wir Ihnen zusätzliche Informationen zu diesem Programmsegment zur Verfügung. Bitte sprechen Sie uns an:

E-Mail: metropolitan@walhalla.de
http://www.metropolitan.de

Metropolitan Verlag, Haus an der Eisernen Brücke, 93042 Regensburg, Telefon: (09 41) 56 84 0, Telefax: (09 41) 56 84 111

Jakob Wolf

Basel II
Kreditrating als Chance
Souverän in das Kreditgespräch

Das Jahresabschlussergebnis jetzt optimieren

Die weichen Faktoren und stillen Reserven kommunizieren

Metropolitan Verlag

Bibliografische Information Der Deutschen Bibliothek
Die Deutsche Bibliothek verzeichnet diese Publikation in der
Deutschen Nationalbibliografie; detaillierte bibliografische
Daten sind im Internet über http://dnb.ddb.de abrufbar.

Zitiervorschlag:
Jakob Wolf, Basel II – Kreditrating als Chance:
Souverän in das Kreditgespräch
Metropolitan Verlag, Berlin, Regensburg 2003

© Metropolitan Verlag, Berlin/Regensburg
Alle Rechte, insbesondere das Recht der Vervielfältigung
und Verbreitung sowie der Übersetzung, vorbehalten. Kein
Teil des Werkes darf in irgendeiner Form (durch Fotokopie,
Datenübertragung oder ein anderes Verfahren) ohne
schriftliche Genehmigung des Verlages reproduziert oder
unter Verwendung elektronischer Systeme gespeichert,
verarbeitet, vervielfältigt oder verbreitet werden.
Umschlaggestaltung: Gruber & König, Augsburg
Druck und Bindung: Westermann Druck Zwickau GmbH
Printed in Germany
ISBN 3-89623-312-2 (Metropolitan Verlag)
ISBN 3-8029-0312-9 (Walhalla Fachverlag)

Schnellübersicht

Abkürzungen 7

Hilfreiche Abbildungen und Tabellen 8

Basel II: Chance für den Mittelstand 9

1 Grundlagen des Kreditratings . 11

2 Harte Faktoren: die Jahresabschlussanalyse ... 45

3 Optimierung der relevanten Jahresabschlusskennzahlen (harte Faktoren) 73

4 Weiche Faktoren für das Kreditrating und ihre Optimierung .. 131

5 Das Kreditgespräch mit der Bank 209

Praxishilfen 217

    Bilanzgliederungsschema § 266 HGB* 217

    Gliederung der Gewinn- und Verlustrechnung
    nach dem Gesamtkostenverfahren* 218

Literaturhinweise und Internetadressen 220

Stichwortverzeichnis 221

* Hinweis:
  Auf das Bilanzgliederungsschema und die G&V-Gliederung beziehen sich insbesondere die Kapitel 2 und 3.

Abkürzungen

AfA	Absetzung für Abnutzung
AktG	Aktiengesetz
BBE	Betriebswirtschaftliche Beratungsstelle für den Einzelhandel
BCG	Boston Consulting Group
BEP	Break Even Point
BIR	Bankinternes Rating
BWA	Betriebswirtschaftliche Auswertung
CI	Corporate Identity
DATEV	Datenverarbeitung und Dienstleistung für den steuerberatenden Beruf eG (eingetragene Genossenschaft)
DSGV	Deutscher Sparkassen- und Giroverband
EBIT	Earnings before Interest and Taxes
EBITDA	Earnings before Interest, Taxes, Depreciation, Amortisation
EStDV	Einkommensteuerdurchführungsverordnung
FERI	Financial and Economic Research International
GewStG	Gewerbesteuergesetz
GmbHG	Gesetz betreffend die Gesellschaften mit beschränkter Haftung
GoB	Grundsätze ordnungsmäßiger Buchführung und Bilanzierung
G&V	Gewinn und Verlust
HGB	Handelsgesetzbuch
IRB	Internal Ratings Based Approach
KSt	Körperschaftsteuer
KWG	Kreditwesengesetz
ROI	Return on Investment
SGE	Strategische Geschäftseinheit
SOPO	Sonderposten mit Rücklageanteil

Hilfreiche Abbildungen und Tabellen

Bonitätsmessung durch externes Rating 18
Möglicher betriebsindividueller Verlauf beim BIR 26
Gewichtung des Firmenkundenratings 33
Betriebsgrößenmerkmale 55
Verdichtete Strukturbilanz (Ausschnitt) 61
Aufbereitung der Gewinn- und Verlustrechnung
für das BIR 69
Umsatzerfolg (Vergangenheitswerte) 79
Umsatzerfolg (Planwerte) 80
Plan-Gewinn- und Verlustrechnung für das Planjahr 01
(Einzelhandelsunternehmen) 82
Entwicklung des ROI$_{GK}$ Periode 1-6
(inner- und zwischenbetrieblicher Vergleich) 91
Fremdkapital: Differenzierung 110
Net Working Capital (Vergangenheitsentwicklung) 121
Gewichtung der weichen Faktoren 133
Bestimmung der Zieldimensionen 144
Klassifikation der Quadranten des Marktportfolio 149
Normstrategien für einzelne SGEs 150
Bewertung des weichen Faktors „Controlling" 170
Magisches Dreieck der Preispolitik 192
Präsentationsunterlagen für das Kreditgespräch 215

Basel II: Chance für den Mittelstand

Die deutschen Mittelstandsunternehmen nennen drei Probleme, die sie am stärksten bedrücken: zu hohe Steuern und Abgaben, zu viel Bürokratie und Basel II. Warum Basel II? Viele Mittelstandsunternehmer glauben, dass ihnen ihre Hausbank notwendige Investitions- und Betriebsmittelkredite in Zukunft entweder nicht mehr gewährt oder sogar kündigt, wenn Basel II in Kraft tritt. Basel II und das Kreditrating der Banken verunsichern also in zunehmendem Maße die mittelständische Wirtschaft. Ein klein wenig ist diese Verunsicherung verständlich, zum größten Teil aber völlig unberechtigt.

Mittelstandsunternehmen mit einem überzeugenden Konzept, einer soliden Vermögens- und Kapitalstruktur und einer nachhaltigen Ertragskraft werden auch in Zukunft von den Banken in ausreichendem Maße mit Krediten versorgt.

Die Unternehmen sollten Basel II und das Kreditrating der Banken als Chance begreifen. In Vorbereitung auf das bankinterne Rating (BIR) sollten sie ihr gesamtes Unternehmenskonzept, ihre Unternehmensstruktur, die betrieblichen Abläufe und Prozesse von Grund auf überprüfen und so weit wie möglich verbessern.

Dieses Buch liefert Ihnen dazu einen Leitfaden, dem Sie Schritt für Schritt folgen können. Es zeigt Ihnen, wie die Banken bei ihrem Kreditrating vorgehen und was Sie tun können, um dieses BIR erfolgreich zu bestehen bzw. ein gutes Ratingergebnis zu erzielen.

Als Erstes werden Sie mit den Grundlagen sowohl des externen Ratings durch Ratingagenturen als auch des BIR vertraut gemacht.

Das BIR beinhaltet sowohl eine Analyse der harten (hard facts) als auch der weichen Faktoren (soft facts). Kernstück des Kreditratings bildet eine umfassende Analyse der Jahresabschlüsse eines Unternehmens mit Hilfe von ausgewählten Jahresabschlusskennzahlen (Analyse der harten Faktoren). Wenn der Unternehmer bei dieser

Basel II: Chance für den Mittelstand

Analyse, die in der Mehrzahl der Fälle für das Ratingergebnis entscheidend ist, gut abschneiden will, muss er die Jahresabschlüsse seines Unternehmens entsprechend aufbereiten und vorbereiten sowie Vergangenheitszahlen und Planzahlen liefern.

Das Buch bringt Ihnen Techniken der Aufbereitung der Bilanz und der Gewinn- und Verlustrechnung nahe. Dabei wird auch gezeigt, wie stille Reserven auf der Aktivseite und der Passivseite der Bilanz aufgelöst und in die Jahresabschlussanalyse einbezogen werden können. Jede einzelne Jahresabschlusskennzahl wird in dem Zusammenhang, in den sie hineingehört, und in ihrer Bedeutung für das Ratingergebnis des Unternehmens ausführlich erläutert und dargestellt. Sie werden in die Lage versetzt, die Jahresabschlusskennzahlen in der gleichen Art und Weise aufzustellen und zu interpretieren, wie es das obligatorische Ratingsystem der Bank verlangt.

Die systematische Analyse der weichen Faktoren ist das entscheidend Neue des Ratings gegenüber der herkömmlichen Kreditwürdigkeitsprüfung der Banken nach dem Kreditwesengesetz. Das Buch stellt Ihnen daher die verschiedenen weichen Faktoren, die in das Ratingsystem einfließen, vor und erläutert sie detailliert: Management, Unternehmensstrategie, Produktion, Personal, Controlling/Rechnungswesen, Marktfaktoren, Marketing, Kontenverhalten.

Zahlreiche Beispiele und umfangreiche Checklisten, die es dem Unternehmer ermöglichen, eine umfassende Präsentationsunterlage für das Kreditgespräch mit seiner Bank zu erstellen, sind zusätzliche praktische Hilfen für Sie.

Im Schlusskapitel können Sie zusammenfassend nachlesen, wie Sie sich auf das Kreditgespräch mit der Bank in effektiver Art und Weise vorbereiten können.

Jakob Wolf

Grundlagen des Kreditratings

1. Was bedeutet Basel II für Banken und Unternehmen? 12
2. Das bankinterne Kreditrating 21

1. Was bedeutet Basel II für Banken und Unternehmen?

Basel II beinhaltet gesetzliche Regelungen für das Kreditgeschäft der Banken. Der Baseler Ausschuss für Bankenaufsicht formuliert eine verbindliche Richtlinie, die spätestens bis zum 31. Dezember 2006 in allen EU-Staaten in nationales Recht umgesetzt werden muss. Die Banken sollen dann gesetzlich verpflichtet sein, ihr Risikomanagement zu verbessern, damit die internationalen Finanzmärkte dauerhaft stabil bleiben und Bankenzusammenbrüche nahezu ausgeschlossen werden können.

Ein wesentlicher Bestandteil von Basel II ist die Begrenzung des Kreditrisikos für ausgereichte Unternehmenskredite und die verstärkte Vorsorge gegen unvermeidliche Kreditausfälle. Das Kreditrisiko für Unternehmenskredite soll vor allem dadurch gemindert werden, dass

- vor Gewährung eines Unternehmenskredites die Bonität eines Schuldner-Unternehmens mit Hilfe eines von der Bankenaufsicht anerkannten und zertifizierten Ratingverfahrens obligatorisch geprüft werden muss, und
- die Banken für jeden ausgereichten Unternehmenskredit Eigenkapital bereithalten (unterlegen) müssen, um trotz dieses Ratings unvermeidliche Kreditausfälle wirtschaftlich verkraften zu können.

Mindesteigenkapitalanforderungen an die Banken (Minimum Capital Requirements)

Gegenwärtig muss die Bank auf der Grundlage der bereits geltenden gesetzlichen Regelungen zur Bankenaufsicht nach Basel I für jeden ausgereichten Kredit 8 % Eigenkapital unterlegen. Für eine Kreditsumme von hundert EUR bedeutet dies eine Eigenkapitalunterlegung von acht EUR.

Was bedeutet Basel II für Banken und Unternehmen?

Die Konzentration auf ein einziges Risikomaß von einheitlich 8 % Eigenkapitalunterlegung, quer über alle Unternehmenskredite hinweg, bedeutet sowohl für die Banken als auch für die Unternehmen mit einer überdurchschnittlichen Bonität eine Nivellierung, die den tatsächlichen wirtschaftlichen Verhältnissen nicht gerecht wird. Anders ausgedrückt: Unternehmen mit einer guten bzw. überdurchschnittlichen Bonität zahlen für ihre Kredite zu hohe und Unternehmen mit einer unterdurchschnittlichen bzw. nicht ausreichenden Bonität zu niedrige Kreditzinsen. Es findet eine Quersubventionierung statt. Unternehmen mit einer überdurchschnittlichen Bonität tragen über zu hohe Zinsen das Risiko mit, das den Banken durch den Ausfall von Krediten entsteht, die sie an Unternehmen mit nicht ausreichender Bonität vergeben haben.

Nach Basel II sind ab 1. Januar 2007 die Eigenkapitalanforderungen an die Banken von der Bonität des Schuldner-Unternehmens abhängig. Je nach Bonitätseinstufung des Unternehmens muss die kreditgebende Bank zwischen 1,6 % und 12 % (eventuell auch mehr als 12 %) Eigenkapital unterlegen.

Theoretisch könnte eine Bank, wenn sie Kredite nur an Unternehmen mit einer überdurchschnittlichen Bonität ausreichen würde und damit nur 1,6 % Eigenkapital unterlegen müsste, das 62,5fache (1,6 % x 62,5 = 100 %) an Kreditvolumen gewähren. Damit wird deutlich, wie stark die Bank daran interessiert ist, Unternehmen mit einer guten Bonität zu ihren Kunden zu zählen und wie schwer es in Zukunft Unternehmen mit einer unterdurchschnittlichen Bonität haben werden, ausreichend Kredite zu bekommen.

Beispiel:

Für eine Mio. EUR Unternehmenskredit muss die Bank ab 1. Januar 2007 günstigstenfalls 16 000 EUR (= 1,6 %) und schlimmstenfalls 120 000 EUR (eventuell bei schlechter Bonität noch mehr) Eigenkapital unterlegen.

Grundlagen des Kreditratings

Die Forderungen an den Baseler Ausschuss gehen dahin, dass die Banken für Kredite an mittelständische Unternehmen (= bis 50 Mio. EUR Jahresumsatz und einem Gesamtkreditengagement von einer Mio. EUR) mit einer geringeren Eigenkapitalunterlegung auskommen. Man erwartet, dass die Eigenkapitalunterlegung für diese Unternehmen, je nach Bonität, zwischen 0,4 % und 6,2 % liegen wird anstelle von 8 %, wie sie nach Basel I verlangt wird.

Bei Firmenkrediten an Klein- und Mittelunternehmen (KMU) mit über einer Mio. EUR Kreditsumme (Gesamtkreditengagement) soll die Bank, in Abhängigkeit von der Unternehmensgröße, Abschläge von der Gewichtung des Kreditrisikos vornehmen können. Je kleiner das Unternehmen, umso größer soll der Abschlag werden. Mit verminderter Risikogewichtung nimmt dann für die Bank die erforderliche Eigenkapitalunterlegung ab. Schätzungen gehen von einer verringerten Eigenkapitalunterlegung um 10–25 % gegenüber den Krediten an Großunternehmen aus.

Unabhängig davon, wie die Verpflichtung zur Eigenkapitalunterlegung im Endergebnis ausfällt, werden die Banken in Zukunft ihre Kreditgewährung an Unternehmen grundsätzlich von deren Bonitätseinstufung abhängig machen und danach ihre Kreditkonditionen ausrichten. Dies ist nach einer aktuellen Umfrage des Deutschen Industrie- und Handelskammertags bereits im vollen Gange. 26 % der befragten Klein- und- Mittelunternehmen gaben an, dass sich für sie die Kreditkonditionen verschlechtert haben.

Was bedeutet Rating?

Unter Rating (Kreditrating) versteht man die Beurteilung von Kreditrisiken bei einem Unternehmen nach einem standardisierten Verfahren. Es trifft Aussagen über die Fähigkeit eines Schuldner-Unternehmens, seine finanziellen Verpflichtungen vollständig und fristgerecht erfüllen zu können. Dabei soll das Rating Wahrschein-

Was bedeutet Basel II für Banken und Unternehmen?

lichkeiten über den Eintritt von Leistungs- und Zahlungsstörungen während der Kreditlaufzeit prognostizieren können.

Das Kreditrisiko liegt in der Gefahr, dass ein Schuldner-Unternehmen seinen fälligen Verbindlichkeiten

- nicht,
- nicht vollständig, oder
- nicht fristgerecht nachkommt (= ausfällt).

Grundsätzlich stehen für die Bonitätsmessung eines Unternehmens mit Hilfe des Ratings zwei Methoden zur Verfügung:

Externes Rating (Standardansatz)

Erfolgt die Bonitätsmessung durch eine externe Ratingagentur, spricht man von dem Standardansatz. Das externe Rating ist Vorbild für das bankinterne Rating.

Bankinternes Rating (bankinterner Ratingansatz, BIR)

Die Bank setzt für die Bonitätsmessung ihrer Firmenkunden ein bankinternes Ratingverfahren (BIR) ein, das von der Bankenaufsicht geprüft und zertifiziert wurde. Mit diesem BIR werden die Unternehmen beurteilt und erhalten eine Ratingnote. In Bezug auf das BIR werden zwei Verfahren unterschieden:

- Basisansatz (Foundation Approach)

    Bei dem Basisansatz muss eine Bank für Kredite an Unternehmen Ausfallwahrscheinlichkeiten (Probability of Default) intern schätzen, während sie sich bei den anderen Risikoparametern, zum Beispiel Verlust bei Ausfall (Loss given Default), auf die aufsichtsrechtlichen Regeln für deren Schätzung verlassen muss.

Grundlagen des Kreditratings

- Fortgeschrittener Ansatz (Advanced Approach)

    Bei dem fortgeschrittenen Ansatz kann die Bank ihre internen Schätzungen auch für weitere Risikoparameter, zum Beispiel Ausfallrate und erwartete ausstehende Forderungen im Zeitpunkt des Ausfalls (Exposure at Default), die Behandlung von Garantien wie die eines Unternehmenseigentümers verwenden.

Beide Verfahren unterscheiden sich in ihrer Komplexität. Diejenigen Banken, die für ihr Ratingverfahren den fortgeschrittenen Ansatz verwenden, werden bei der Eigenkapitalunterlegung begünstigt.

Unabhängig davon, ob das externe Rating oder das bankinterne Rating eingesetzt wird, handelt es sich um einen Ratingprozess, der am Ende in einer einzigen Note zusammengefasst wird. Das geratete (bewertete Unternehmen) wird aufgrund dieser Note in eine bestimmte Ratingklasse (Risikoklasse) eingestuft. Diese Einstufung hat für das Unternehmen erhebliche Konsequenzen und bedeutet:

- günstige oder ungünstige Kreditkonditionen (Höhe des Zinssatzes),
- die eventuelle Ablehnung eines beantragten Kredites, oder
- eine mögliche Kreditkündigung.

Externes Rating durch Ratingagenturen: Vorbild für das bankinterne Rating

Das Rating wurde in den USA bereits vor hundert Jahren eingeführt und hat, insbesondere bei der Bewertung von Kapitalmarktanleihen, Tradition.

Was bedeutet Basel II für Banken und Unternehmen?

Amerikanische Ratingagenturen, die ihre Tätigkeit auch in Deutschland ausüben
■ Standard & Poor's ■ Moody's Deutschland GmbH ■ Fitch Deutschland GmbH

Mittlerweile wurde die Ratingidee auch in Deutschland aufgegriffen.

Ausgewählte deutsche Ratingagenturen
■ Creditreform Rating AG, Neuss ■ Euro Ratings AG, Frankfurt/Main ■ GDUR Mittelstandsrating Agentur AG, Frankfurt/Main ■ Hermes Rating GmbH, Hamburg ■ RS Rating Services AG, München ■ URA Unternehmensrating Agentur AG, München

Die Erfahrungen, insbesondere der amerikanischen Ratingagenturen, bei der Bewertung (= Rating) von Anleihen (Industrieanleihen, Länderanleihen), werden auf die Bonitätsprüfung der Unternehmen übertragen.

Die folgende Abbildung zeigt, in Anlehnung an die Bewertungspraxis der Ratingagentur Standard & Poor's, in welche Ratingklassen die Unternehmen, nachdem sie einem Ratingverfahren unterworfen wurden, eingestuft werden können:

Grundlagen des Kreditratings

Ratingklassen	Ausprägung	Erläuterungen
AAA	AAA	beste Bonität, geringstes Insolvenzrisiko
AA	AA+; AA; AA-	sehr gute Bonität, sehr geringes Insolvenzrisiko
A	A+; A; A-	gute Bonität, geringes Insolvenzrisiko
BBB	BBB+; BBB; BBB-	befriedigende Bonität, mittleres Insolvenzrisiko
BB	BB+; BB; BB-	befriedigende bis ausreichende Bonität, höheres Insolvenzrisiko
B	B+; B; B-	ausreichende Bonität, hohes Insolvenzrisiko
C	CCC; CC; C	kaum ausreichende Bonität, sehr hohes Insolvenzrisiko
D	D	ungenügende Bonität, (Insolvenz)

Bonitätsmessung durch externes Rating

Der interne oder externe Leser sieht anhand des zugeordneten Buchstabens bzw. der Buchstabenfolge auf Anhieb, welche Bonität das geratete Unternehmen aufweist.

Das externe Rating durch externe Ratingagenturen setzt Maßstäbe für bankinterne Ratingverfahren. Die einzelnen Risikogewichte müssen Standards genügen.

Bei dem externen Rating durch externe Ratingagenturen bedeutet ein Risikogewicht von 100 %, dass ein Kredit in die Berechnung des Kreditrisikos mit dem vollen Wert einfließt, d.h., für einen solchen Kredit sind von der Bank 8 % Eigenkapital zu unterlegen. Beträgt hingegen das Risikogewicht nur 20 % (zum Beispiel bei einer Bonitätseinstufung des Unternehmens von AAA bis AA-) sind nur 1,6 % Eigenkapital zu unterlegen (20 % von 8 % = 1,6 %).

Was bedeutet Basel II für Banken und Unternehmen?

Externe Ratingagenturen argumentieren mit den folgenden Vorteilen, wenn sie ein Unternehmen für ein externes Rating gewinnen wollen:

1. Argument: günstigere Kreditkonditionen

Unternehmen, die ein positives Ratingergebnis erzielen, d.h., gut benotet werden, können in Verhandlungen mit ihrer Hausbank günstigere Kreditkonditionen herausholen.

Hierzu ist kritisch anzumerken, dass die Zinsdifferenz, um die sich die Kreditkosten eventuell vermindern, den nicht unerheblichen Kosten gegenübergestellt werden muss, die das externe Rating verursacht. Dabei sind nicht nur die Kosten für das erstmalige Rating, sondern auch für das Folgerating in den anschließenden Jahren zu berücksichtigen.

2. Argument: öffentliche Wirkung

Unternehmen können ein positives Ratingergebnis veröffentlichen (zum Beispiel im Internet) und damit die Kontakte und die Zusammenarbeit mit unterschiedlichsten Interessentengruppen wie Kreditinstituten, Leasinggesellschaften, Factoringgesellschaften, Kunden, Lieferanten, Mitarbeitern erleichtern, verbessern, in bestimmten Fällen vielleicht sogar erst ermöglichen.

Hierzu ist kritisch anzumerken, dass sich das Ratingergebnis auch verschlechtern kann, was möglicherweise dazu führt, dass die Interessentengruppen dem Unternehmen zunehmend kritisch gegenüberstehen und möglicherweise die Geschäftsbeziehungen sogar beenden. Wenn das Unternehmen bei Verschlechterung des Ratingergebnisses die Veröffentlichung einstellt, was ihm selbstverständlich unbenommen bleibt, sind negative Auswirkungen auf das Unternehmensimage zu befürchten. Die Interessenten werden sich fragen, warum das Ratingergebnis auf einmal nicht mehr veröffentlicht wird. Hat das Unternehmen etwas zu verbergen?

Grundlagen des Kreditratings

3. Argument: unternehmensinterne Schwachpunkte

Unternehmen werden im Zuge des Ratings auf eventuelle Schwachpunkte aufmerksam gemacht und können nach einer solchen Diagnose Therapiemaßnahmen ergreifen.

Hierzu ist kritisch anzumerken, dass eine Aufdeckung von Schwachpunkten auch durch eine Unternehmensberatung erfolgen kann. Aufgabe eines Unternehmensberaters ist es aber, gezielte Verbesserungsvorschläge zu unterbreiten, sodass unter diesem Aspekt eine Unternehmensberatung einem externen Rating durch eine externe Ratingagentur vorzuziehen sein dürfte.

Die Kosten für das Erstrating werden von Standard & Poor's und von Moody's mit 50 000 EUR beziffert.

Deutsche Ratingagenturen: Kosten für das Erstrating

- Creditreform Rating AG: ab 5 000 EUR – individuelle Preisstaffel, je nach Komplexität des Ratingprozesses.
- Euro Ratings AG: 9 000 EUR bis 38 000 EUR – Preisstaffel, abhängig vom Firmenumsatz.
- Hermes Rating GmbH: ab 15 000 EUR – individuelle Preisstaffel, je nach Komplexität des Ratingprozesses.
- GDUR Mittelstandsrating Agentur AG: ab 3 250 EUR – Preisstaffel abhängig vom Firmenumsatz und Branche.
- RS Rating Services AG: ab 9 000 EUR – Preisstaffel abhängig vom Firmenumsatz.
- URA Unternehmensrating Agentur AG: ab 18 000 EUR – individuelle Preisstaffel je nach Komplexität des Ratingprozesses.

Die großen internationalen Ratingagenturen (Standard & Poor's, Moody's, Fitch) unterscheiden sich von den neu gegründeten deutschen Ratingagenturen hinsichtlich ihrer Zielsetzungen. Die internationalen Agenturen liefern konkrete Aussagen zu Ausfallwahrscheinlichkeiten bzw. erwartetem Verlust, während die neu gegründeten deutschen Agenturen vor allem die Fitness und Zukunftsfähigkeit von Unternehmen bewerten.

2. Das bankinterne Kreditrating

Die Unternehmen werden spätestens ab 1. Januar 2007 vor und während der Kreditgewährung einem obligatorischen Rating unterzogen. Tatsächlich wird von den meisten Banken bereits heute ein bankinternes Rating entweder nach dem Basisansatz oder nach dem fortgeschrittenen Ansatz durchgeführt. Dies sind offiziell nur Probeläufe. Es ist jedoch davon auszugehen, dass das dabei ermittelte Ratingergebnis für jedes bewertete Unternehmen bereits heute Konsequenzen nach sich zieht, die von einer Verschlechterung der gewährten Kreditkonditionen bis hin zu einer Kreditkündigung reichen können.

Nach einer Studie der Boston Consulting Group (BCG) wollen die großen Privatbanken ihr Kreditportfolio mit kleinen und mittelgroßen Unternehmen (bis 50 Mio. EUR Jahresumsatz) zurückführen. Die öffentlich-rechtlichen Kreditinstitute und die kleinen Privatbanken gaben in dieser Studie an, dass sie den mittelständischen Unternehmen in verstärktem Umfang Kredite zur Verfügung stellen werden. Dabei wird laut der BCG-Studie befürchtet, dass diese Institute zum Sammelbecken für schlechte Kredite werden könnten. Lediglich bei den Großunternehmen (50 Mio. EUR bis 500 Mio. EUR Jahresumsatz) wollen nach den Ergebnissen dieser BCG-Studie alle Bankengruppen ihr Kreditengagement ausbauen.

Die Großbanken haben selbst mit den Konsequenzen zu kämpfen, die sich aus einem verschlechterten Rating ihrer Anleihen durch die externen Ratingagenturen Moody's und Standard & Poor's ergeben. Je schlechter die herabgestufte Note ist, umso höhere Zinsen müs-

Grundlagen des Kreditratings

sen sie für ihre Refinanzierung bezahlen. Dies kann nicht ohne Auswirkungen auf die Kreditkonditionen ihrer Firmenkunden bleiben.

Sämtliche Erleichterungen, die für die Banken in Bezug auf die Höhe der erforderlichen Eigenkapitalunterlegung beim Baseler Ausschuss für Bankenaufsicht herausgeholt werden, ändern nichts daran, dass die Banken ihr Kreditrating auf keinen Fall mehr zurückschrauben werden. Das bankinterne Kreditrating wird grundsätzlich bei allen Unternehmenskrediten, unabhängig von der Betriebsgröße der Unternehmen, angewandt werden. Schneidet ein Unternehmen bei dem Kreditrating ungünstig ab, muss es mit höheren Zinsbelastungen rechnen oder schlimmstenfalls Gefahr laufen, in der Insolvenzabteilung der Bank zu landen. Das Unternehmen stellt dann für die Bank nur noch einen „Abwicklungsfall" dar. Die Bank wird versuchen, von dem ausgereichten Kredit so viel wie möglich zu retten (Verwertung von durch das Unternehmen gestellten Sicherheiten) und wird kaum mehr bereit sein, einem solchen schlecht gerateten Unternehmen Kredite für eine Finanzierung von Investitionen oder Betriebsmittelkredite zur Verfügung zu stellen.

Begriff und Bedeutung

Der Baseler Ausschuss für Bankenaufsicht nennt folgende Kriterien für die Risikoeinschätzung eines Kreditnehmers, die im Rahmen des bankinternen Ratings erfasst werden müssen:

Risikoeinschätzung eines Kreditnehmers: Kriterien
■ Vergangene und prognostizierte Fähigkeiten, Erträge zu erwirtschaften, um Kredite zurückzuzahlen und anderen Finanzbedarf zu decken, zum Beispiel den Kapitalaufwand für das laufende Geschäft und zur Erhaltung des Cashflows.
■ Kapitalstruktur und Wahrscheinlichkeit, dass unvorhergesehene Umstände die Kapitaldecke des Unternehmens aufzehren könnten und dies zur Zahlungsunfähigkeit führt.

Das bankinterne Kreditrating

Fortsetzung: Risikoeinschätzung eines Kreditnehmers: Kriterien

- Finanzielle Flexibilität in Abhängigkeit vom Zugang zu Fremd- und Eigenkapitalmärkten, um zusätzliche Mittel erlangen zu können.

- Grad der Fremdfinanzierung und die Auswirkungen von Nachfrageschwankungen auf Rentabilität und Cashflow des Unternehmens.

- Qualität der Einkünfte, d.h. der Grad, zu dem Einkünfte und Cashflow des Unternehmens aus dem Kerngeschäft und nicht aus einmaligen, nicht wiederkehrenden Quellen stammen.

- Position innerhalb der Branche und zukünftige Aussagen.

- Qualität und rechtzeitige Verfügbarkeit von Informationen über das Schuldner-Unternehmen, einschließlich der Verfügbarkeit von testierten Jahresabschlüssen.

- Stärke und Fähigkeit des Managements, auf veränderte Bedingungen effektiv zu reagieren und Ressourcen einzusetzen, sowie der Grad der Risikobereitschaft.

Das bankinterne Ratingsystem dient selbstverständlich demselben Zweck wie das Kreditrating der externen Ratingagenturen. Es soll Kreditrisiken abschätzen, die die Bank mit der Gewährung eines Krediges an ein Unternehmen eingeht. Ist das Schuldner-Unternehmen voraussichtlich in der Lage, seine mit dem aufgenommenen Kredit eingegangenen finanziellen Verpflichtungen vollständig und fristgerecht zu erfüllen? Wie hoch ist die Wahrscheinlichkeit, dass während der Laufzeit des gewährten Kredites Zahlungsstörungen auftreten?

Die Banken werden Ratingsysteme einsetzen, die sich von den Ratingsystemen der externen Ratingagenturen unterscheiden. Das

Grundlagen des Kreditratings

bankinterne Kreditrating sollte jedoch zu denselben Ergebnissen (Bonitätseinstufungen) führen wie das externe Rating der Ratingagenturen. Ebenso sollten die Bonitätseinstufungen aufgrund des Ratings von Bank zu Bank identisch sein. Eine Sparkasse sollte zu demselben Ratingergebnis (Noteneinstufung) gelangen wie beispielsweise eine Volksbank, eine Geschäftsbank, eine kleine oder große Privatbank. Dies ist eine grundsätzliche Forderung, da sonst die Unternehmen bei der Kreditvergabe ungleich behandelt werden würden. Dies bedeutet jedoch nicht, dass die von den Banken eingesetzten Ratingsysteme identisch sind. Sie werden im Gegenteil von Bank zu Bank unterschiedlich sein.

Für die Mehrzahl der mittelständischen Unternehmen kommt ein Kreditrating durch eine externe Ratingagentur vor allem aus den beiden folgenden Gründen nicht in Frage:

Die externen Ratingagenturen berechnen den Unternehmen für ihr Rating erhebliche Gebühren, die für ein Erstrating zwischen 5 000 EUR und 50 000 EUR liegen dürften. Hinzu treten die Gebühren für das in jedem Jahr vorzunehmende Folgerating. Hier kann das Unternehmen mit Rabatten von 10 – 20 %, bezogen auf die Gebühren des Erstratings, rechnen. Für das bankinterne Rating fallen keine Gebühren an. Es muss jedoch abgewartet werden, ob die Banken in Zukunft nicht auch dazu übergehen, den Unternehmen für ihr bankinternes Rating Ratinggebühren in Rechnung zu stellen.

Da die Banken ihr eigenes Ratingsystem anwenden, ist es fraglich, ob sie bei ihrer Kreditprüfung das Ergebnis des Ratings durch eine externe Ratingagentur übernehmen, oder ob sie ihre Kreditvergabe ausschließlich von ihrem hauseigenen Rating abhängig machen. Es ist eher anzunehmen, dass die Banken allein auf ihr bankinternes Rating setzen. Es liegen auch eindeutige Aussagen von Banken vor, dass sie sich die Kreditentscheidung und die Analyse eines Kreditnehmers bzw. eines Projektes nicht durch externe Ratingagenturen abnehmen lassen. Allerdings hat die Bank, wenn sie von dem Ratingergebnis einer Ratingagentur nach unten abweicht, also das

Das bankinterne Kreditrating

Unternehmen ungünstiger bewertet als die externe Ratingagentur, einen erheblichen Erklärungsbedarf, wie sie zu einem solchen negativ abweichenden Ratingergebnis gekommen ist.

Unterscheidung BIR – externes Rating

- Bei BIR ist die Palette der Risikogewichte breiter als bei der Standardmethode der externen Ratingagenturen. Dies führt zu mehr Risikoklassen (bis zu 18 Bonitätsklassen), in die die Unternehmen eingestuft werden. Die Banken können demnach die erforderliche Eigenkapitalunterlegung für ihre ausgereichten Kredite stärker differenzieren. Dies ermöglicht ihnen auch eine größere Differenzierung bei den Kreditkonditionen. Die Unternehmen werden damit, was die Höhe der Zinsen und die sonstigen Kreditkonditionen anlangt, gerechter behandelt.

- Die Banken können die Besonderheiten des Mittelstandsbetriebes, die zum Beispiel darin liegen, dass der Gesellschafterkreis und der Managementkreis oftmals zusammenfallen, voll berücksichtigen.

- Insbesondere regional tätige Banken kennen ihre Kunden vor Ort häufig seit vielen Jahren und können daher zahlreiche weiche Faktoren wie die Nachfolgeregelung und Planungsprozesse auch aufgrund ihrer historischen Erfahrungen beurteilen.

- Aufgrund langjähriger Beziehungen mit ihren Kunden haben die Banken über viele Jahre hinweg einen umfassenden Überblick bzw. eine genaue Kenntnis über deren Kontenverhalten. Dies ist ein wesentlicher Vorteil gegenüber den externen Ratingagenturen, die ja mit den Unternehmen keine Kontenbeziehungen unterhalten. Das Kontenverhalten eines Unternehmens ist erfahrungsgemäß ein guter Indikator bei der Kreditwürdigkeitsprüfung.

Grundlagen des Kreditratings

Auch das BIR ist jährlich durchzuführen, damit sich Ratingveränderungen feststellen lassen, die über die Bonitätsveränderungen der Unternehmen Auskunft geben. Nach dem Rating ist grundsätzlich vor dem Rating. So ist es beispielsweise denkbar, dass sich innerhalb eines Zeitraums von drei Jahren, ab dem erstmaligen Rating eines Unternehmens, folgender betriebsindividueller Verlauf bei der Notenvergabe (Einstufung) ergibt:

Zeitablauf	Bonitätsurteil
Start	AAA (= beste Bonität)
Jahr 1	AA (= sehr gute Bonität)
Jahr 2	A (= gute Bonität)
Jahr 3	BBB (= befriedigende Bonität)

Möglicher betriebsindividueller Verlauf beim BIR

Bankinterne Ratingsysteme (Ratingmethoden)

Um zukunftsorientierte Kreditvergabeentscheidungen treffen zu können, muss die Bank im Rahmen ihres Kreditratings komplexe Unternehmensanalysen durchführen. Nur so kann sie ein ganzheitliches Bonitätsurteil abgeben. Dabei sollte das Verfahren der Bonitätsanalyse möglichst objektiv und nachvollziehbar sein.

Das Unternehmen sollte überprüfen können, warum es einer bestimmten Risikoklasse mit den dort geltenden Kreditkonditionen zugeordnet wurde und wie hoch das Ausfallrisiko in dieser Risikoklasse angenommen wird.

Das BIR muss höheren Ansprüchen genügen als die bisherigen Kreditwürdigkeitsprüfungen. Die traditionelle Bonitätsanalyse der Banken umfasst im Wesentlichen:

Das bankinterne Kreditrating

- Persönliche Kreditwürdigkeitsanalyse: Persönlichkeitsstruktur des Unternehmers als Bonitätsfaktor
- Auswertung der Jahresabschlussunterlagen: Kennzahlenanalyse
- Kreditgespräch, verbunden mit gelegentlichen Betriebsbesichtigungen
- Analyse des bereitgestellten Besicherungspotenzials: Einholung von Gutachten

Die traditionelle Bonitätsanalyse bildet nach wie vor eine feste Grundlage für das BIR. Dieses muss jedoch über die traditionelle Bonitätsanalyse hinausreichen. Es muss den Anforderungen entsprechen, die die Bankenaufsicht (Bundesaufsichtsamt für das Kreditwesen) an ein Ratingsystem stellt. Die Banken müssen über ein von der Bankenaufsicht zertifiziertes Ratingsystem verfügen.

Im Kern erfordert das BIR die Erfassung und die Analyse von zwei Faktorenbündeln:

- Harte Faktoren (Hard Facts)
- Weiche Faktoren (Soft Facts)

Während die harten Faktoren die Kennzahlen aus der Jahresabschlussanalyse bilden, umfassen die weichen Faktoren vor allem eine Analyse der Qualität des Managements, des Controllings und der Marktfaktoren.

Beide Faktorenbündel gehen mit vorher festgelegten Gewichten in den Ratingprozess des angewandten Ratingsystems ein. Es handelt sich um eine computergestützte Bonitätsprüfung, die diese gewichteten Faktoren mit Hilfe von Algorithmen (= Gesamtheit der Rechenregeln, durch deren schematische Befolgung man die Aufgabe der Bonitätsanalyse lösen kann) verarbeitet und am Ende des Ratingprozesses in einer einzigen Note zusammenfasst, die zu einer Einstufung in eine Risikoklasse (Bonitätsklasse) führt.

Grundlagen des Kreditratings

Die Qualität des BIR-Systems wird mit Hilfe mathematisch-statistischer Verfahren wie Diskriminanzanalysen und Migrationsanalysen ständig überprüft.

Harte Faktoren (Hard Facts)

Kernstück der harten Faktoren bildet der Jahresabschluss des Unternehmens. Die Bank leitet für ihr Rating aus diesem Jahresabschluss Kennzahlen zur Ertragslage (Aufwands- und Ertragsstruktur), zur Vermögenslage und Kapitalstruktur und zur Finanzlage (Liquiditätssituation) ab.

Im Wesentlichen sind es vor allem die folgenden Kennzahlen, die, je nach Unternehmensgröße, mit 40 – 60 % Gewicht das Ratingergebnis bestimmen:

Kennzahlen: Harte Faktoren des BIR
■ Ertragslage Return on Investment (ROI) Betriebsergebnis (EBIT, EBITDA) Rohertragsquote Personalaufwandsquote Zinsaufwandsquote Mietaufwandsquote (zum Beispiel für Einzelhandelsunternehmen)
■ Vermögenslage/Kapitalstruktur Kapitalumschlag, Gesamtvermögensumschlag Eigenkapitalquote Fremdkapitalquote (Fremdkapitalstruktur) Lagerumschlag Lagerdauer Umschlagsdauer der Forderungen

Das bankinterne Kreditrating

Fortsetzung: Kennzahlen: Harte Faktoren des BIR

- Finanzlage (Liquiditätssituation)

  Liquiditätsgrade

  Net Working Capital

  Anlagendeckungsgrad (Goldene Bankregel in der erweiterten Form)

  Cashflow

  Cashflow-Rate

  Cashflow in Relation zum kurzfristigen Fremdkapital

  Schuldentilgungsdauer (Schuldendienstfähigkeit)

  Kreditorenlaufzeit (Umschlagsdauer der Kreditoren)

Für die Mehrzahl der mittelständischen Unternehmen beträgt das Gesamtgewicht der Kennzahlen aus der Jahresabschlussanalyse (Analyse der harten Faktoren) 60 % des Ratingergebnisses. Dabei macht die Eigenkapitalquote eines Unternehmens allein 15 % des Gesamtgewichtes aus.

Einige Banken ziehen im Rahmen ihres Ratingsystems auch branchenspezifische Kennzahlen aus zwischenbetrieblichen Vergleichen (Branchenvergleichen) heran.

Weiche Faktoren (Soft Facts)

Die systematische Analyse der so genannten weichen Faktoren ist das entscheidend Neue an dem BIR. Diese weichen Faktoren bestimmen, je nach Unternehmensgröße, zu 40–50 % das Ratingergebnis. Je größer das Unternehmen, umso mehr wird auf die Analyse der weichen Faktoren Wert gelegt. Im Einzelfall kann sich das Verhältnis von 60 % harte Faktoren zu 40 % weiche Faktoren in 60 % weiche Faktoren zu 40 % harte Faktoren umkehren.

Grundlagen des Kreditratings

BIR: Weiche Faktoren

- Managementfaktoren
  Geschäftsleitung, Schlüsselpersonen (zum Beispiel Führungskräfte im IT-Bereich)
  Nachfolgeregelung Geschäftsleitung, Führungskräfte
  Unternehmensvision, Leitbild, Corporate Identity (CI)
  Unternehmensstrategie, Unternehmensziele
  Risikomanagement

- Produktion
  Technische Ausstattung, Anlagenabnutzungsgrad, Wartung, Investitionen
  Beschaffungspolitik, Lieferantenabhängigkeiten, Lagerhaltung
  Produktivität, Ablauforganisation, Qualitätsmanagement
  Kapazitätsauslastung, Auftragslage

- Personal
  Personalplanung (kurzfristig, langfristig)
  Personalentwicklung, Weiterbildungskonzepte
  IT-Strukturen

- Controlling
  Planungsqualität (strategische, operative Planung)
  Managementinformationssystem
  Jahresabschluss und kurzfristige Erfolgsrechnung (BWA)
  Kostenrechnung und Kalkulation (moderne Kostenrechnungsverfahren wie Deckungsbeitragsrechnung und Target Costing)
  Debitorenmanagement

- Marktfaktoren (Marketing)
  Marktpotenzial, Markttrends, Marktanteil
  Kundenstruktur, Zielgruppen

Das bankinterne Kreditrating

Fortsetzung: BIR: Weiche Faktoren

Marktforschung, Imageanalyse, Konkurrenzforschung
Produktpalette (Sortimentsstruktur im Handel)
Produktpolitik, Sortimentspolitik
Preis- und Konditionenpolitik
Kommunikationspolitik (Werbung, Öffentlichkeitsarbeit, Verkaufsförderung, persönlicher Verkauf, Sponsoring)
Distributionspolitik, Absatzkanäle

- Beziehung des Unternehmens zur Bank
Dauer der Beziehung
Kontenverhalten

Die zahlreichen weichen Faktoren werden von den externen Ratingagenturen vor allem mit Hilfe von umfangreichen Checklisten erhoben. In der Regel erheben zwei Branchenanalysten die weichen Faktoren unmittelbar vor Ort im Unternehmen, wofür sie im Durchschnitt zwei bis fünf Tage benötigen. Mit solchen Checklisten werden oft bis zu 400 Fragen abgearbeitet. Die Analysten erstellen einen umfassenden Bericht (final report), der von einem rating committee in der externen Ratingagentur abschließend beurteilt wird.

Eine solche Vorgehensweise ist, schon allein aus Kostengründen, im Rahmen des BIR nicht möglich. Ein Kreditberater (Firmenkundenberater) einer Bank hat im Durchschnitt 80 Unternehmen zu betreuen. Wenn ein einziger Manntag für die systematische Erfassung der weichen Faktoren kalkuliert wird, werden bereits nahezu 50 % der verfügbaren Kapazitäten eines Kreditberaters für das Rating beansprucht.

Im Kern werden jedoch die weichen Faktoren bei dem BIR in ähnlicher Art und Weise erhoben wie im Rahmen des Ratings durch externe Ratingagenturen. Es werden ebenfalls standardisierte Check-

Grundlagen des Kreditratings

listen (Fragebogen) eingesetzt. Der Kreditberater verfügt über ein umfangreiches Handbuch, das sowohl diese Checklisten als auch Anleitungen zur Erhebung der weichen Faktoren beinhaltet.

Die Kreditberater erheben die Daten und Informationen zu den weichen Faktoren während des Jahres in ihren Kreditgesprächen mit dem Management des jeweiligen Unternehmens, die sie von Zeit zu Zeit auch mit Betriebsbesichtigungen verbinden. Solche Betriebsbesichtigungen dienen unter anderem:

- der Prüfung betrieblicher Anlagen,
- der Beurteilung des wirtschaftlichen und technischen Zustandes des Betriebs (zum Beispiel Zustand des Bürogebäudes, der Fabrikhallen, der Fertigungsanlagen, des Fuhrparks),
- der Beurteilung der Verkehrsanbindung des Betriebsstandorts,
- der Beurteilung der betrieblichen Logistik.

Einschränkend sei darauf hingewiesen, dass die Kreditberater (Firmenkundenberater) vor allem der kleineren und der regionalen Banken in der Regel keine Branchenspezialisten sind wie die Analysten der externen Ratingagenturen oder zum Teil auch der Großbanken.

Hat der Kreditberater seine Erhebungen der weichen Faktoren des zu analysierenden Unternehmens mit Hilfe seiner Checklisten (Fragebogen) und eventuell durchgeführter Betriebsbesichtigungen abgeschlossen, nimmt er eine Benotung jedes einzelnen weichen Faktors anhand des Schulnotensystems vor: 1 = sehr gut, 2 = gut, 3 = befriedigend, 4 = ausreichend, 5 = mangelhaft, 6 = ungenügend.

Die so benoteten weichen Faktoren gehen mit den vorher festgelegten Gewichten in den Ratingprozess des Ratingsystems ein und werden, genau wie die harten Faktoren, mit den ihnen zugeordneten Gewichten mit Hilfe von Algorithmen verarbeitet, die zu der

Das bankinterne Kreditrating

entscheidenden Note für die Bonitätseinstufung des Unternehmens führen.

Für die Mehrzahl der Unternehmen setzt sich das Gesamtgewicht für das Firmenkundenrating wie folgt zusammen:

Faktorenbündel	Gewicht
Harte Faktoren:	
■ Kennzahlenwerte aufgrund der Jahresabschlussanalyse	60,0 %
Weiche Faktoren:	
■ Managementfaktoren, Produktion, Personal, Controlling, Marktfaktoren, Marketing	24,4 %
■ Nachfolgeregelung	5,6 %
■ Dauer der Kundenbeziehung	2,0 %
■ Kontenverhalten	8,0 %
■ Gesamtgewicht	100,0 %

Gewichtung des Firmenkundenratings

Praxis-Tipp:

Für die Noteneinstufung ist von zentraler Bedeutung, wie das Analyseergebnis des Jahresabschlusses ausfällt, d.h., welche Kennzahlenwerte hierbei erreicht werden. Für das BIR kommt es daher entscheidend darauf an, dass die spezifischen Kennzahlenwerte zur Ertragslage, zur Vemögens- und Kapitalstruktur und zur Finanzlage, die mit 60 % Gesamtgewicht in das BIR eingehen, im Rahmen des Möglichen optimiert werden. Dieser Optimierungsprozess muss sofort, heute, beginnen, wenn spätestens zum 1. Januar 2007 ein gutes Ratingergebnis erreicht werden soll.

Grundlagen des Kreditratings

Das BIR-System wird von den meisten Banken in modifizierter Form eingesetzt (zum Beispiel mehr oder weniger Jahresabschlusskennzahlen, stärkere oder schwächere Gewichtung der weichen Faktoren), wenn es sich um folgende Kundengruppen handelt:

- Internationale Firmenkunden,
- freie Berufe,
- Geschäftskunden mit persönlicher Haftung des Gesellschafters.

In diesen Fällen werden separate Ratingverfahren eingesetzt, die auf das spezielle Risikoprofil der jeweiligen Kundengruppe zugeschnitten sind.

Das ganzheitliche Bonitätsurteil der Bank

Die Unternehmen beantragen bei ihrer Hausbank Betriebsmittelkredite und/oder Investitionskredite.

Für die Bank ergibt sich aus risikopolitischen Überlegungen vor allem für das Investitionskreditgeschäft, und hier insbesondere für von den Unternehmen geplante Erweiterungsinvestitionen, ein hohes Maß an Prüfungsbedarf. Investitionsprojekte der Unternehmen sind häufig mit erheblichen Umstrukturierungsmaßnahmen verknüpft. Das beantragte Kreditvolumen, auch der mittelständischen Unternehmen, weist oftmals eine beachtliche Größenordnung auf und erfordert relativ lange Kreditlaufzeiten. Für die Bank resultieren daraus Unsicherheitsfaktoren, ob sie zum Zeitpunkt ihrer Kreditentscheidung alle oder zumindest den größten Teil der Risiken berücksichtigt haben, die unter Umständen eine Rückzahlung der Kredite durch das Unternehmen entweder ganz verhindern oder verzögern können. Die Bank muss daher das Investitionsprojekt auf seine wirtschaftliche Tragfähigkeit hin beurteilen. Bei der Kreditvergabe steht im Mittelpunkt der Entscheidung der

Das bankinterne Kreditrating

Bank, wie das eventuelle Ausfallrisiko eingeschätzt wird. Eine solche Risikobeurteilung setzt aber eine fundierte Prognose über die Bonität des Unternehmens und dessen zukünftige Entwicklung voraus. Sowohl für die Vergabe solcher Investitionskredite mit relativ langen Laufzeiten, aber auch für die Gewährung von Betriebsmittelkrediten, ist daher das im Rahmen des BIR getroffene ganzheitliche Bonitätsurteil die wesentliche Entscheidungsgrundlage. Die von den Unternehmen gestellten bankmäßigen Sicherheiten sind in diesem Zusammenhang für die Kreditentscheidung der Bank von geringerer Bedeutung.

Mit ihrem Ratingsystem haben die Banken ein Analyseinstrument in der Hand, das eine Zuordnung des Schuldner-Unternehmens zu einer bestimmten Risikoklasse ermöglicht. Die Banken können daher eine gezielte Risikopolitik betreiben:

- Die Kreditkonditionen der Unternehmen orientieren sich in Zukunft an deren Zugehörigkeit zu einer bestimmten Risikoklasse (Bonitätsklasse).

- Die Ausfallwahrscheinlichkeiten, die für die einzelnen Risikoklassen ermittelt werden, führen zu Zinszuschlägen, die genau mit den erwarteten Ausfällen der betreffenden Risikoklasse (Bonitätsklasse) korrespondieren. Die Banken sprechen in diesem Zusammenhang von „fairen Bonitätsprämien", die auf die Zinsen aufgeschlagen werden.

- Die Banken verbessern mit dem BIR ihr Kreditcontrolling. Sie erhalten über die Bildung der Bonitätsklassen (Risikoklassen) aufgrund der Ratingergebnisse eine sichere Informationsgrundlage zur Beurteilung ihres gesamten Kreditbestandes, d.h. der ausgereichten Kredite an ihre Firmenkunden.

Das BIR ist, wie bereits ausgeführt, dem Ratingsystem der externen Ratingagenturen nachgebildet. Dabei läuft der Ratingprozess in der Regel wie folgt ab:

Grundlagen des Kreditratings

Ratingprozess der Banken

- Die Daten- und Informationserhebung erfolgt innerhalb eines Jahres in verschiedenen Besprechungen (Managementgespräche).

- Es werden standardisierte Checklisten (Fragebogen) herangezogen. Die Kreditberater (Firmenkundenberater) sind mit entsprechendem Material (Handbuch) ausgestattet.

- Die Analyse der weichen Faktoren wird durch die Kreditberater durchgeführt, die in der Regel keine Branchenspezialisten sind.

- Das Rating muss mindestens jährlich erneuert werden, bei zweifelhaften Firmenkunden auch öfter.

- Das Rating muss spätestens 90 Tage, nachdem die Bank neue relevante Informationen erhalten hat (zum Beispiel massiver Umsatzeinbruch in dem Unternehmen, Gewinneinbruch durch Wegfall eines Großkunden), überprüft werden.

- Jedes Unternehmen muss, bevor es einen Kredit erhält, einer Risikoklasse zugeordnet werden.

- Die Ratingzuordnung (Erst- und Folgerating) sollte von einer unabhängigen Stelle in der Bank erfolgen und nicht durch den Kreditberater, der die Ratingstory des Unternehmens analysiert hat.

- Das Ratingsystem sollte jährlich durch die Revision der Bank geprüft werden.

- Die Dokumentation des Ratingprozesses muss gewährleistet sein.

Das bankinterne Kreditrating

> **Praxis-Tipp:**
> Fordern Sie von Ihrer Hausbank, dass diese Ihnen sowohl die erreichte Ratingnote als auch die Ratingkriterien offen legt. Ebenso sollten Sie über die Kenntnis des Refinanzierungssatzes, der Risikokalkulation und der Bearbeitungskosten die Marge der Bank ermitteln können.

Im Endergebnis wird man davon ausgehen können, dass die meisten Banken sowohl die ermittelte Ratingnote als auch die von ihnen angewandten Ratingkriterien offen legen werden. Selbst wenn jedoch die Banken sämtliche Parameter des Ratingsystems offen legen, wird die interne Kostenkalkulation, die zur Zinsmarge führt, immer ein Geheimnis bleiben. Hier wollen sich die Banken keinesfalls in die Karten schauen lassen.

Die schwindende Bedeutung der bankmäßigen Sicherheiten

Selbstverständlich sind die bankmäßigen Sicherheiten, wie Grundschulden und festverzinsliche Wertpapiere, die ein Unternehmen seiner Hausbank zur Verfügung stellen kann, für deren Kreditentscheidung nach wie vor von erheblicher Bedeutung. Erhält das Unternehmen im Rahmen des BIR eine schlechte Ratingnote, d.h., wird es einer Risikoklasse mit einer hohen Ausfallwahrscheinlichkeit zugeordnet, nimmt die Bedeutung der zu stellenden Sicherheiten sogar noch zu. Bei einer hohen Ausfallwahrscheinlichkeit in einer bestimmten Risikoklasse wird die Bank von dem Unternehmen eine möglichst umfassende Absicherung verlangen, um keine Verluste durch einen Totalausfall erleiden zu müssen.

Die Banken werden in Zukunft noch strengere Anforderungen an die Qualität der von den Unternehmen gelieferten Sicherheiten stellen. So wird zum Beispiel davon auszugehen sein, dass von den

Grundlagen des Kreditratings

Unternehmen eingeräumte Grundpfandrechte durch die Banken im Extremfall jährlich neu bewertet werden.

Für die Bank ist jedoch entscheidend, dass die erforderliche Eigenkapitalunterlegung nach Basel II in erster Linie nicht von den Sicherheiten abhängt, die das Unternehmen der Bank zur Verfügung stellen kann, sondern von dessen Bonitätseinstufung. Das Ratingergebnis entscheidet im Wesentlichen darüber, in welchem Umfang die Bank für den ausgereichten Kredit Eigenkapital unterlegen muss.

Die erforderliche Eigenkapitalunterlegung reduziert sich in eingeschränktem Umfang, wenn als Sicherheiten festverzinsliche Wertpapiere (Bonds), Aktien, Fondsanteile, Lebensversicherungen zur Verfügung gestellt werden können.

Ermittlung der Risikoprämie (Bonitätsprämie)

Bei der Festlegung der Kreditzinsen für Unternehmenskredite orientiert sich die Bank gegenwärtig an der so genannten Mindestzinsmarge, die wie folgt kalkuliert wird:

> Basiszins (= jener Zinssatz, den eine Bank für den Abschluss einer fast risikolosen Alternativanlage mit gleicher Laufzeit am Geld- oder Kapitalmarkt erhalten würde)
> + Kreditbearbeitungszuschlag (Kreditprüfung, Kreditüberwachung, Kreditrückführung)
> + Eigenkapitalkosten (Renditeanforderungen der Anteilseigner wie Aktionäre)
> + Risikokosten
> = Mindestzinssatz (Orientierungsmarge)

Da bislang für die Bank immer noch Basel I gilt, wonach für jeden Unternehmenskredit, unabhängig von der Bonität des Schuldner-Unternehmens, einheitlich 8 % Eigenkapital unterlegt werden

Das bankinterne Kreditrating

müssen, resultieren Unterschiede in der Höhe der Zinsen allein aus der Höhe der Risikokosten ohne Berücksichtigung der Eigenkapitalunterlegung. Tatsächlich ist jedoch in der Praxis festzustellen, dass viele Banken für gleich riskante Kredite den Unternehmen trotzdem unterschiedliche Zinssätze in Rechnung stellen.

Durch das BIR soll in Zukunft bei der Berechnung der Zinshöhe für Unternehmenskredite dem Verursacherprinzip entsprochen werden. Das Unternehmen soll, entsprechend seiner Zuordnung zu einer bestimmten Risikoklasse, über einen Zinszuschlag die Ausfälle mit übernehmen, die in dieser Bonitätsklasse voraussichtlich auftreten werden.

Beispiel:

Eine Bank hat mit Hilfe ihres Ratingsystems in einer bestimmten Bonitätsklasse für Kredite mit einer fünfjährigen Laufzeit folgende Ausfallwahrscheinlichkeiten ermittelt:

Bonitätsklasse	**Ausfallwahrscheinlichkeit**
AAA	0,21 %
AA	0,38 %
A	0,60 %
BBB	1,72 %

In der Bonitätsklasse BBB wurden Kredite in Höhe von hundert Mio. EUR vergeben.

Der erwartete Ausfall von 1,72 % auf das ausgereichte Kreditvolumen von hundert Mio. EUR muss von allen Kreditnehmern, die in die Bonitätsklasse BBB eingestuft wurden, getragen werden. Danach errechnet sich folgende jährliche Risikoprämie:

$$\frac{\text{erwarteter Ausfall (1/5): } 344\,000 \text{ EUR}}{\text{verbleibendes Kreditvolumen: } 99\,280\,000 \text{ EUR}} \times 100 = 0{,}35\,\%\ \text{Risikoprämie}$$

Grundlagen des Kreditratings

> In den jährlichen Zinssatz wird bei einem Kredit mit einer fünfjährigen Laufzeit in der Bonitätsklasse BBB eine Risikoprämie in Höhe von 0,35 % eingerechnet. Die Banken sprechen hier von einer fairen Bonitätsprämie, die dem kreditnehmenden Unternehmen dieser Risikoklasse aufgerechnet wird.

Um solche notwendige Risikoprämien in Grenzen zu halten, versuchen die Banken länger laufende Kredite eher zu vermeiden. Die Unternehmen müssen damit rechnen, dass die Banken bei Investitionskrediten mit einer längeren Laufzeit und eventuell noch tilgungsfreien Jahren verstärkt Zurückhaltung üben werden. Darüber hinaus werden die Unternehmen in noch größerem Umfang bankmäßige Sicherheiten stellen müssen.

Da viele kleinere mittelständische Unternehmen, schon allein wegen ihrer unzureichenden Eigenkapitalausstattung, eine unterdurchschnittliche Bonität aufweisen dürften, müssen diese Unternehmen mit einer höheren Risikoprämie, d.h. mit steigenden Zinsen rechnen. Es wird jedoch bezweifelt, ob den Banken die Überwälzung des Risikos durch höhere Zinssätze auf solche Unternehmen in vollem Umfang gelingen wird. Die Boston Consulting Group kommt in ihrer Studie vielmehr zu dem Ergebnis, dass die Banken, die überwiegend dieses Kundensegment bedienen, über einen längeren Zeitraum eher mit unauskömmlichen Zinsmargen rechnen müssen.

Zu einem ähnlichen Ergebnis kommt auch die Finance-Studie (große Bankenbefragung) des Fachblattes Finance, der HypoVereinsbank und der Wirtschaftsprüfungsgesellschaft Ernst & Young: Die Banken akzeptieren weiterhin Kreditmargen unterhalb ihrer eigentlichen Renditeanforderungen, wenn dafür in anderen Bereichen mit den Kunden ordentlich verdient wird: „Die Gesamtbeziehung muss sich rechnen." Die Banken sehen den Kunden nicht ausschließlich als Kreditkunden, sondern als Kunden mit umfassender Geschäftsbeziehung. Dadurch fließen auch Cross-selling-

Das bankinterne Kreditrating

Aspekte bei der Festlegung der Kreditkonditionen ein. Es wird einmal im Jahr der gesamte Deckungsbeitrag pro Kunde ermittelt. Dieser Gesamtdeckungsbeitrag pro Kunde muss in der Regel von dem Firmenkundenbetreuer verantwortet werden.

Vorbereitung auf das bankinterne Rating (BIR)

Unabhängig davon, dass das obligatorische Rating nach Basel II ab 1. Januar 2007 in Kraft tritt, findet das BIR bereits heute statt. Die Unternehmen müssen sich daher bereits heute darauf einstellen, dass die Banken bei ihren künftigen Kreditvergabeentscheidungen die Ratingergebnisse heranziehen. Das ganzheitliche Bonitätsurteil bildet die Grundlage, ob und zu welchen Konditionen die Unternehmen Investitions- und/oder Betriebsmittelkredite erhalten.

> **Praxis-Tipp:**
>
> Aus diesem Grund muss sich jeder Unternehmer bereits heute die Frage stellen: Wie wird das BIR meines Unternehmens realistischerweise ausfallen? Welche Bonitätseinstufung werde ich mit meinem Unternehmen voraussichtlich erfahren? Was kann ich tun, um – zumindest innerhalb einer gewissen Bandbreite – im Vorfeld das ganzheitliche Bonitätsurteil meiner Hausbank positiv beeinflussen zu können?

Das BIR sollte jeder Unternehmer/Manager als eine Chance begreifen, die wirtschaftliche Situation seines Unternehmens objektiv, systematisch und kritisch zu analysieren und Verbesserungsmöglichkeiten auszuloten. Er sollte wie ein von außen kommender Unternehmensberater versuchen, die Schwachstellen seines Unternehmens aufzudecken, Verbesserungsvorschläge zu erarbeiten und deren Umsetzung zu planen bzw. voranzutreiben.

Ein positives Ratingergebnis (Bonitätsurteil) kann das Unternehmen als Grundlage für Beteiligungsverhandlungen nutzen, wenn

Grundlagen des Kreditratings

beispielsweise neue Gesellschafter aufgenommen werden sollen, um die Eigenkapitalbasis zu stärken.

Außerdem kann ein positives Ratingergebnis dem Unternehmen als Unterlage für anstehende Verhandlungen mit Leasing- und/oder Factoringgesellschaften dienen.

Eine unternehmensinterne Vorbereitung auf das unvermeidliche BIR sollte mindestens die folgenden Schritte umfassen:

Harte Faktoren (40 bis 60 % Gesamtgewicht)

1. Optimierung der relevanten Kennzahlenwerte

    Ihr Unternehmen sollte heute damit beginnen, die Kennzahlenwerte zur Ertragslage, Vermögens- und Kapitalstruktur, Finanzlage zu optimieren.

2. Bereitstellung von Zusatzinformationen durch Aufdeckung stiller Reserven

    Jeder Jahresabschluss, der im Rahmen des BIR analysiert wird, ist bilanzpolitisch beeinflusst, in den meisten Fällen dadurch, dass stille Reserven angelegt wurden, um die Zielgröße „Gewinn vor Steuern" zu reduzieren. Werden solche stillen Reserven nicht aufgedeckt, kann das Ratingergebnis verzerrt bzw. verschlechtert werden. Das Unternehmen sollte daher von vornherein mit offenen Karten spielen und diese stillen Reserven in vollem Umfang aufdecken.

Weiche Faktoren (40 bis 60 % Gesamtgewicht)

1. Bereitstellung von Informationen über das Management

    Der Bank sollten in gut aufbereiteter Form detaillierte Informationen über das Topmanagement (Geschäftsleitung) und die Führungskräfte (Schlüsselpersonen), die Nachfolgeregelungen, die Unternehmensstrategie (zum Beispiel mit Hilfe der Portfolioanalyse), die Unternehmensziele und das Personal zur Verfügung gestellt werden.

Das bankinterne Kreditrating

2. Überprüfung und Verbesserung des betriebseigenen Controllings

   Das Unternehmen sollte sein gesamtes Controlling auf den Prüfstand stellen und versuchen, es zu verbessern. Wird der Jahresabschluss rechtzeitig aufgestellt? Wie ist das Debitorenmanagement zu beurteilen? Wird überhaupt geplant, und wie ist die Qualität der Planung zu beurteilen? Existiert eine Mehrjahresplanung? Wird eine Liquiditätsplanung durchgeführt? Wie sind Kostenrechnung und Kalkulation zu beurteilen etc.?

3. Bereitstellung relevanter Informationen über die Produktion

   Der Bank sollen in aufbereiteter Form Informationen über die technische Ausstattung, den Anlagenabnutzungsgrad, die Beschaffungspolitik, die Produktivität, die Kapazitätsauslastung der Produktionsanlagen zur Verfügung gestellt werden.

4. Bereitstellung relevanter Informationen über die Marktfaktoren und das Marketing

   Der Bank sollen detaillierte Informationen über den Markt, in dem das Unternehmen tätig ist, zur Verfügung gestellt werden. Hierzu gehören unter anderem Marktvolumen, Branche, Trends, Konkurrenzsituation etc. Ebenso ist eine Darstellung der Marketingkonzeption des Unternehmens erforderlich: Produktpositionierung, Kundenzufriedenheit und Kundenbindung (Customer Relationship Management), Kunden- und Lieferantenabhängigkeiten, Einsatz der marketingpolitischen Instrumente (Marketingmix).

5. Überprüfung und Verbesserung des Kontenverhaltens

   Das Kontenverhalten des Unternehmens geht mit 8 % Gesamtgewicht in den Ratingprozess ein. Dies zeigt, wie wichtig es für das Unternehmen ist, die Konteninanspruch-

Grundlagen des Kreditratings

nahme und eventuelle Kontenüberziehungen auf den Girokonten zu überprüfen und, falls erforderlich, das Kontenverhalten zu verändern.

6. Bereitstellung von sonstigen Informationen

Je nach Branche und Unternehmensgröße sollten der Bank zu den folgenden Bereichen Zusatzinformationen zur Verfügung gestellt werden:

- Risikomanagement: Existiert ein Risikoinventar, d.h.: Weiß das Unternehmen, welche Risiken vorhanden sind, zum Beispiel Kreditrisiko, Währungsrisiko, Marktrisiko, Produktrisiko etc.? Welche Maßnahmen werden ergriffen, um die Risiken zu vermeiden oder wenigstens zu vermindern?

- Informationstechnologie: Angesichts der großen Bedeutung der EDV sollte der Bank dargestellt werden, wie umfassend und effektiv die wichtigen Geschäftsprozesse von der Informationstechnologie unterstützt werden. Sind die IT-Risiken, zum Beispiel Datenverlust, Datenausspähung und Datenmanipulation erkannt, und wie versucht man diese IT-Risiken zu vermeiden bzw. zu minimieren?

- Umweltmanagement: Welche Umweltrisiken drohen dem Unternehmen und wie versucht man diesen zu begegnen?

Harte Faktoren: die Jahresabschlussanalyse

2

1. Welcher Jahresabschluss wird analysiert? 46

2. Der Jahresabschluss der Einzelunternehmen und Personengesellschaften 47

3. Der Jahresabschluss der Kapitalgesellschaften und der GmbH & Co. KGs 48

4. Der steuerrechtliche Jahresabschluss 55

5. Aufbereitung des Jahresabschlusses für das Kreditrating 57

Zahlreiche Hinweise in diesem Kapitel beziehen sich auf das Bilanzgliederungsschema, Seite 217, und die G&V-Gliederung, Seite 218.

1. Welcher Jahresabschluss wird analysiert?

Die von der Bank durchgeführte Kennzahlenanalyse eines Unternehmens führt zu dem Bündel der harten Faktoren, die in der Regel mit 60 % Gesamtgewicht in das Ratingsystem des BIR eingehen.

Bevor auf die Jahresabschlussanalyse der Bank auf der Grundlage der Jahresabschlusskennzahlen des Unternehmens detailliert eingegangen werden kann, ist zunächst zu klären, aus welchem Jahresabschluss die für das BIR relevanten Kennzahlen abgeleitet werden. Grundsätzlich ist zwischen den Jahresabschlüssen der Einzelunternehmen und Personengesellschaften (OHG, KG, BGB-Gesellschaft) sowie den Jahresabschlüssen von Kapitalgesellschaften (AG, GmbH) und der GmbH & Co. KG zu unterscheiden.

Bei den Einzelunternehmen und den Personengesellschaften wird es sich in der Regel um eine Einheitsbilanz handeln, die den handels- und den steuerrechtlichen Jahresabschluss zugleich darstellt.

Bei den Kapitalgesellschaften und den GmbH & Co. KGs können grundsätzlich drei verschiedene Jahresabschlüsse der Bank für die Jahresabschlussanalyse vorgelegt werden:

- Handelsbilanz (handelsrechtlicher Jahresabschluss)
- Steuerbilanz (steuerrechtlicher Jahresabschluss)
- Einheitsbilanz (einheitlicher handels- und steuerrechtlicher Jahresabschluss)

Weicht der handelsrechtliche Jahresabschluss, der für die Offenlegung dem Registergericht eingereicht wird, vom steuerrechtlichen Jahresabschluss, der dem Finanzamt mit der Steuererklärung eingereicht wird, ab, sollten der Bank für das BIR grundsätzlich beide Jahresabschlüsse vorgelegt werden.

Einzelunternehmen und Personengesellschaften

> **Praxis-Tipp:**
> Sie sollten der Bank darüber hinaus Zusatzinformationen zur Verfügung stellen, welche Positionen der Bilanz und der Gewinn- und Verlustrechnung voneinander abweichen, damit deren Jahresabschlussanalyse ein objektives Bild der wirtschaftlichen Situation des Unternehmens ergibt. Nur so kann die Bank das Faktorenbündel in ihrem Ratingsystem korrekt verarbeiten.

2. Der Jahresabschluss der Einzelunternehmen und Personengesellschaften

Der Jahresabschluss der Einzelunternehmen und der Personengesellschaften besteht aus der Bilanz und der Gewinn- und Verlustrechnung (§ 242 Abs. 3 HGB), stellt also ein Duo dar.

Die Rechnungslegungsvorschriften des HGB enthalten für die Einzelunternehmen und die Personengesellschaften kein verbindliches Bilanzgliederungsschema. Die Banken erwarten als Basis für ihr Kreditrating auch von den Einzelunternehmen und den Personengesellschaften eine Bilanz, die gemäß § 266 Abs. 2 HGB so ausführlich und tief gegliedert ist wie die Bilanz der großen Kapitalgesellschaften.

Die Gewinn- und Verlustrechnung enthält die Aufwendungen und Erträge einer Bilanzierungsperiode und ist in Verbindung mit der Bilanz am Ende eines Geschäftsjahres aufzustellen. Bilanz und Gewinn- und Verlustrechnung bilden zwei Rechenwerke, die nicht zusammenhanglos nebeneinander stehen, sondern miteinander verzahnt sind. Die Verzahnung geschieht über das Eigenkapital. Erwirtschaftet ein Unternehmen einen Gewinn, der nicht entnommen bzw. ausgeschüttet wird, erhöht sich das Eigenkapital (Kapi-

Harte Faktoren: die Jahresabschlussanalyse

talkonto des Einzelunternehmens, Kapitalkonten der Personengesellschafter, Rücklagen der Kapitalgesellschaften). Bei eventuell auftretenden Verlusten vermindert sich das Eigenkapital.

Auch für die Gewinn- und Verlustrechnung enthalten die Rechnungslegungsvorschriften des HGB in Bezug auf die Einzelunternehmen und Personengesellschaften kein verbindliches Gliederungsschema. Hier erwarten die Banken von diesen Unternehmen ebenfalls das ausführliche Gliederungsschema der Gewinn- und Verlustrechnung gemäß § 275 Abs. 2 HGB (siehe Praxishilfen, Seite 218 f.).

3. Der Jahresabschluss der Kapitalgesellschaften und der GmbH & Co. KGs

Der Jahresabschluss der Kapitalgesellschaften und der GmbH & Co. KGs stellt ein Trio dar. Er umfasst die Bilanz, die Gewinn- und Verlustrechnung und den Anhang. Dieses Trio bildet eine Einheit (§ 242 Abs. 3 HGB in Verbindung mit § 264 Abs. 1 HGB).

Der Jahresabschluss wird nur für mittelgroße und große Kapitalgesellschaften und GmbH & Co. KGs um einen Lagebericht ergänzt (§ 264 Abs. 1 HGB).

Die GmbH & Co. KG gilt rechtssystematisch nicht als Kapitalgesellschaft, sondern als Personengesellschaft, wird jedoch in Bezug auf die Rechnungslegungsvorschriften des HGB wie eine Kapitalgesellschaft behandelt (§§ 264 a, 264 b, 264 c HGB). Dies bedeutet, dass die GmbH & Co. KG ihren Jahresabschluss nach den gleichen Regeln aufzustellen hat wie die GmbH oder die AG.

Die Rechnungslegungsvorschriften für die Kapitalgesellschaften und die GmbH & Co. KG finden sich im dritten Buch des HGB. Dieses ist zweigeteilt:

Kapitalgesellschaften und GmbH & Co. KGs

- Der erste Teil, der so genannte Kaufmannsteil, der die §§ 238 bis 263 HGB umfasst, enthält die Mindestanforderungen, die der Gesetzgeber an Buchführung und Jahresabschluss stellt.

  Für die Einzelunternehmen und die Personengesellschaften enthalten diese Paragraphen abschließend die gesamten Rechnungslegungsvorschriften.

  Der Kaufmannsteil, d.h. die §§ 238 bis 263 HGB, gilt auch für die Kapitalgesellschaften und die GmbH & Co. KG.

- Der zweite Teil, der Besondere Teil, der die §§ 264 bis 335 b HGB umfasst, enthält ausschließlich die ergänzenden Rechnungslegungsvorschriften für die Aktiengesellschaften, die GmbHs und die GmbH & Co. KG. Dieser zweite Teil enthält zugleich auch die Rechnungslegungsvorschriften für die Konzerne (§§ 290 bis 315 HGB).

Die Summe der Rechnungslegungsvorschriften im dritten Buch des HGB bildet ein Rechnungslegungseinheitsgesetz.

Bilanz

§ 266 Abs. 2 HGB enthält das verbindliche Gliederungsschema der Bilanz für die große Kapitalgesellschaft (vergleiche Anhang). Wie detailliert und wie tief eine GmbH oder GmbH & Co. KG bei der Offenlegung des Jahresabschlusses ihre Bilanz gliedern muss, hängt davon ab, welche Betriebsgröße sie aufweist (vergleiche Offenlegung). Dabei wird nach drei Betriebsgrößenklassen (§ 267 HGB) unterschieden: Kleine, mittelgroße und große Gesellschaften.

Die Frage, welcher der vorstehenden Betriebsgrößenklassen eine Gesellschaft angehört, hat Konsequenzen für den notwendigen Umfang der Bilanzgliederung bei der Offenlegung. So braucht die kleine Gesellschaft (§ 267 Abs. 1 HGB) nur eine verkürzte Bilanz aufzustellen, in der nur die Bilanzpositionen unter den Großbuchstaben und den römischen Ziffern auszuweisen sind (§ 266 Abs. 1 HGB).

Harte Faktoren: die Jahresabschlussanalyse

Eine kleine Gesellschaft braucht keinen Lagebericht aufzustellen (§ 264 Abs. 1 HGB). Außerdem brauchen die kleinen Gesellschaften nur die verkürzte Bilanz und den Anhang offen zu legen, wobei der Anhang bei der Offenlegung diejenigen Angaben nicht enthalten muss, die die Gewinn- und Verlustrechnung betreffen (§ 326 HGB).

Im Bilanzgliederungsschema nach § 266 Abs. 2 und 3 HGB wird grundsätzlich eine dreistufige Gliederung angewandt, die Großbuchstaben, römische Ziffern und arabische Ziffern umfasst:

Großbuchstabe:	A.	Anlagevermögen
römische Ziffer:	I.	Immaterielle Vermögensgegenstände
arabische Ziffern:	1.	Konzessionen, gewerbliche Schutzrechte und ähnliche Rechte, sowie Lizenzen an solchen Rechten
	2.	Geschäfts- oder Firmenwert
	3.	geleistete Anzahlungen

Zu jeder Bilanzposition muss der entsprechende Betrag des Vorjahres angegeben werden (§ 265 Abs. 2 HGB). Dies geschieht in der Regel in einer zusätzlichen Zahlenspalte. Die Bank kann dann, wie jeder andere Bilanzleser (Bilanzanalytiker), grundsätzlich die Bilanzen zweier aufeinander folgender Geschäftsjahre miteinander vergleichen (= innerbetrieblicher Zeitvergleich).

Das obligatorische Anlagengitter (§ 268 Abs. 2 HGB), das die Entwicklung des gesamten Anlagevermögens aufzeigt, kann entweder in der Bilanz oder im Anhang dargestellt werden.

Gewinn- und Verlustrechnung

Die Gewinn- und Verlustrechnung ist in Staffelform aufzustellen. Die Unternehmen verwenden in der Regel das Gliederungsschema der Gewinn- und Verlustrechnung nach dem Gesamtkostenverfah-

Kapitalgesellschaften und GmbH & Co. KGs

ren (§ 275 Abs. 2 HGB). Dieses stellt eine Produktionsrechnung dar, d.h., es wird davon ausgegangen, dass das bilanzierende Unternehmen ein Produzent ist. Ein Hersteller stellt Produkte her, die er möglichst noch in der Bilanzierungsperiode der Herstellung veräußern möchte. Da dies nicht immer durchführbar ist, kann sich am Bilanzstichtag eine Bestandserhöhung ergeben. Der Hersteller hat auf Lager produziert. Eine solche Lagerbestandserhöhung ist für die Gewinnermittlung dem Umsatz genauso hinzuzurechnen wie selbst erstellte Werkzeuge und Betriebsanlagen (= andere aktivierte Eigenleistungen). Liegt eine Bestandsverminderung vor, muss diese, bewertet mit den Herstellungskosten, von den Umsatzerlösen abgezogen werden.

In der Gewinn- und Verlustrechnung ist als Erstes die Gesamtleistung zu ermitteln, von der die in dem Geschäftsjahr entstandenen Aufwendungen, getrennt nach Aufwandsarten, abzuziehen sind.

Der Differenzbetrag ergibt den Erfolg oder Verlust vor Berücksichtigung der Steuern.

Anhang

Der Jahresabschluss einer Kapitalgesellschaft und einer GmbH & Co. KG umfasst als dritten integralen Bestandteil, gleichberechtigt neben Bilanz und Gewinn- und Verlustrechnung, den so genannten Anhang (§ 264 Abs. 1 HGB). Aufgabe des Anhangs ist es, die Bilanz und die Gewinn- und Verlustrechnung zu erläutern und ergänzende Informationen über die Vermögens-, Finanz- und Ertragslage des Unternehmens zu liefern. Das Bilanzrecht kennt 70 Anhangvorschriften. Damit ist klar, dass der Anhang einen relativ großen Umfang aufweist. Er ist im Durchschnitt fast zehnmal so umfangreich wie Bilanz und Gewinn- und Verlustrechnung zusammengenommen.

Im Gegensatz zur Bilanz und Gewinn- und Verlustrechnung gibt es für den Anhang kein verbindliches Gliederungsschema. Dies ist

Harte Faktoren: die Jahresabschlussanalyse

verständlich, da die Unternehmen bei der Aufstellung des Anhangs unterschiedlich viele Anhangvorschriften anzuwenden haben.

In der Bilanzierungspraxis hat sich als Grundstruktur für die Gliederung des Anhangs folgendes Gliederungsschema bewährt:

Anhang: Gliederungsschema
A. Allgemeine Erläuterungen In diesem Teil des Anhangs werden diejenigen Angaben gemacht, die sich mit Änderungen der Darstellung des Jahresabschlusses und mit Fragen von eventuellen Störungen der Vergleichbarkeit zweier aufeinander folgender Jahresabschlüsse befassen. B. Angaben zur Aktivseite der Bilanz C. Angaben zur Passivseite der Bilanz D. Angaben zur Gewinn- und Verlustrechnung E. Ergänzende Angaben und Erläuterungen In diesem Teil des Anhangs werden diejenigen Anhangvorschriften berücksichtigt, die eine Berichtspflicht über Tatbestände auslösen, die über die Bilanz und die Gewinn- und Verlustrechnung hinausgehen.

Die Gesellschaft kann ihren Anhang auf freiwilliger Basis durch eine Sozialbilanz, eine Umweltbilanz, eine Wertschöpfungsrechnung, eine Kapitalflussrechnung etc. ergänzen.

Kleine Gesellschaften brauchen bei der Aufstellung des Anhangs eine Reihe von Anhangangaben (zum Beispiel Aufgliederung des kurzfristigen Fremdkapitals) nicht zu machen (§ 288 HGB). Ebenso werden den kleinen Gesellschaften bei der Veröffentlichung des Anhangs Erleichterungen eingeräumt (§ 326 HGB).

Kapitalgesellschaften und GmbH & Co. KGs

Der Anhang ist für die Jahresabschlussanalyse von großer Bedeutung. Er ist grundsätzlich mit auszuwerten. So enthält er zum Beispiel Hinweise, ob und gegebenenfalls an welcher Stelle stille Reserven angelegt wurden. Kleine Gesellschaften sollten der Bank für das BIR ihren Anhang grundsätzlich in der ausführlichen Form und nicht in der für die Offenlegung möglichen verkürzten Form vorlegen.

Lagebericht

Die mittelgroßen und die großen Kapitalgesellschaften sowie GmbH & Co. KGs sind verpflichtet, einen Lagebericht aufzustellen und offen zu legen (§ 325 Abs. 1 HGB). Die kleinen Gesellschaften sind von dieser Verpflichtung befreit (§ 264 Abs. 1 HGB).

Der Lagebericht ergänzt den handelsrechtlichen Jahresabschluss. Er soll zusätzliche Informationen in allgemeiner Form bieten, indem er einen zusammenfassenden Überblick über die Gesamtlage der Gesellschaft gibt und ergänzende Aufschlüsse darüber liefert, ob sich das Unternehmen behaupten und seinen Verpflichtungen nachkommen kann.

Der Lagebericht umfasst einen Mindestbericht (§ 289 Abs. 1 HGB) über den Verlauf der Gesellschaft und über die Lage der Gesellschaft sowie einen Zusatzbericht (§ 289 Abs. 2 HGB):

- Bericht über Vorgänge von besonderer Bedeutung, die nach dem Schluss des Geschäftsjahres eingetreten sind,
- Bericht über die voraussichtliche Entwicklung der Gesellschaft (Prognosebericht),
- Bericht über Forschung und Entwicklung,
- Bericht über bestehende Zweigniederlassungen.

Wie die Mehrzahl der offen gelegten Jahresabschlüsse zeigt, wird schon allein aus der Gliederung deutlich, dass dem Lagebericht eine große Bedeutung zugemessen wird. Im Allgemeinen sind die publizierten Jahresabschlüsse wie folgt gegliedert:

Harte Faktoren: die Jahresabschlussanalyse

- Lagebericht
- Bilanz
- Gewinn- und Verlustrechnung
- Anhang

Der Lagebericht leitet demnach den veröffentlichten Jahresabschluss ein und wird dem Bilanzleser in einer mehr oder minder tiefen Gliederung präsentiert.

Der Lagebericht lässt sich nicht unmittelbar aus den Rechenwerken des Unternehmens (Buchhaltung, Kostenrechnung) ableiten. Die in dem Lagebericht erscheinenden Informationen müssen vielmehr aus vielen verschiedenen Quellen innerhalb des Unternehmens zusammengetragen werden.

Er umfasst Informationen zum Geschäftsverlauf und zur Lage der Gesellschaft und damit Hinweise zur Branchenentwicklung, zur Beschäftigungslage, zur Auftragseingangsentwicklung, zu den Beschaffungspreisen für Rohstoffe etc.

Offenlegung

Die Kapitalgesellschaften und die GmbH & Co. KGs sind verpflichtet, ihren Jahresabschluss offen zu legen, d.h., sie müssen ihn spätestens zwölf Monate nach Bilanzstichtag beim zuständigen Registergericht (der Sitz der Gesellschaft bestimmt die Zuständigkeit) hinterlegen.

Der Umfang der Offenlegungspflicht hängt von der Betriebsgröße ab, die die Gesellschaft aufweist. Es werden drei Betriebsgrößenklassen unterschieden: kleine, mittelgroße und große Gesellschaften.

In welche dieser drei Betriebsgrößenklassen eine Gesellschaft einzustufen ist, hängt davon ab, welche der folgenden drei Betriebsgrößenmerkmale an zwei aufeinander folgenden Bilanzstichtagen überschritten bzw. nicht überschritten werden (§ 267 HGB):

Der steuerrechtliche Jahresabschluss

Betriebsgrößenklasse	Bilanzsumme	Umsatzerlöse	Arbeitnehmer
kleine Gesellschaft	bis 3,438 Mio. EUR	bis 6,875 Mio. EUR	bis 50
mittelgroße Gesellschaft	bis 13,75 Mio. EUR	bis 27,5 Mio. EUR	mehr als 50
große Gesellschaft	größer als 13,75 Mio. EUR	größer als 27,5 Mio. EUR	mehr als 50

Betriebsgrößenmerkmale

4. Der steuerrechtliche Jahresabschluss

Die Steuerbilanz (steuerrechtlicher Jahresabschluss) ist allein an das Finanzamt gerichtet. Sie dient der periodengerechten Gewinnermittlung, d.h., der Gewinn soll in dem Bilanzjahr versteuert werden, in dem er erwirtschaftet wurde.

Grundsätzlich wird die Steuerbilanz jedes Unternehmens aus der Handelsbilanz wie folgt abgeleitet:

1. Laufende Buchführung und Inventur
2. Hauptabschlussübersicht
3. Handelsbilanz
4. Korrekturen gemäß § 60 Abs. 2 EStDV
5. Steuerbilanz

Die laufende Buchführung und die Ergebnisse der körperlichen Bestandsaufnahme (Inventur) führen zur Hauptabschlussübersicht oder Betriebsübersicht. Diese besteht aus: Summenbilanz, Saldenbilanz I, Umbuchungsbilanz, Saldenbilanz II, Schlussbilanz und Erfolgsbilanz.

Durch Bilanzierungs- und Bewertungsmaßnahmen entsteht aus der Hauptabschlussübersicht die Handelsbilanz. Die Steuerbilanz

Harte Faktoren: die Jahresabschlussanalyse

wird aus der Handelsbilanz in der Weise abgeleitet, dass die Handelsbilanz nach den Grundsätzen des Steuerrechts korrigiert wird. Die Korrekturen nach Steuerrecht können durch Anmerkungen und Zusätze vorgenommen werden.

Die Einzelunternehmen und die Personengesellschaften, die ihren Jahresabschluss nicht offen zu legen brauchen, stellen nur eine einzige Bilanz auf, die Handels- und Steuerbilanz zugleich ist. Diese Unternehmen sind sich meistens nicht bewusst, dass grundsätzlich zunächst eine Handelsbilanz aufzustellen ist, aus der die Steuerbilanz abgeleitet wird. Man wird in diesen Unternehmen einen Wertansatz, der handelsrechtlich zulässig ist, erst gar nicht wählen, wenn er gegen zwingendes Steuerrecht verstößt, da die Steuerbilanz nur an das Finanzamt gerichtet ist und von daher keine Notwendigkeit besteht, eine eigenständige Handelsbilanz aufzustellen.

Anders die Jahresabschlüsse der Kapitalgesellschaften und der GmbH & Co. KGs. Da deren handelsrechtlicher Jahresabschluss offen gelegt werden muss, wird sich mehr und mehr die Überzeugung durchsetzen, dass es zweckmäßig ist, zwei Bilanzen aufzustellen: eine Handelsbilanz und eine Steuerbilanz. Dabei ist anzunehmen, dass die Mehrzahl der Gesellschaften einen niedrigeren Handelsbilanzgewinn als Steuerbilanzgewinn ausweisen wird.

Der Handelsbilanzgewinn kann durch zahlreiche Bewertungswahlrechte, die nur für die Handelsbilanz, aber nicht für die Steuerbilanz gelten, stärker reduziert werden als der Steuerbilanzgewinn.

Die Bank wird für ihr BIR in der Regel unterstellen, dass die Steuerbilanz eher eine objektive Grundlage für die Jahresabschlussanalyse (Analyse der harten Faktoren) abgibt als die Handelsbilanz, da sie davon ausgeht, dass dem Finanzamt eine weitgehend korrekte Bilanz eingereicht werden muss.

Das Unternehmen sollte daher ihrer Hausbank, wie bereits erwähnt, grundsätzlich beide Bilanzen vorlegen.

5. Aufbereitung des Jahresabschlusses für das Kreditrating

Damit die Bank den Jahresabschluss eines Unternehmens für ihr BIR auswerten kann, muss sie ihn als Erstes aufbereiten. Um verstehen zu können, wie die Bank bei dieser Aufbereitung vorgeht, und um dieselben Kennzahlen ermitteln zu können, wie sie auch die Bank im Rahmen der Jahresabschlussanalyse für das Rating bildet, muss sich das Unternehmen mit der Technik der Aufbereitung vertraut machen.

Die Bank benötigt für ihr BIR einen aktuellen Jahresabschluss. Was bedeutet „aktueller Jahresabschluss"?

Die mittelgroßen und die großen Kapitalgesellschaften und GmbH & Co. KGs sowie die börsennotierten Aktiengesellschaften (§ 267 Abs. 2 und 3 HGB) haben ihren Jahresabschluss innerhalb von drei Monaten nach Bilanzstichtag aufzustellen (§ 264 Abs. 1 HGB), die kleinen Kapitalgesellschaften und GmbH & Co. KGs innerhalb von sechs Monaten (§ 264 Abs. 1 Satz 3 HGB). Diese Sechsmonatsfrist gilt nach herrschender Meinung in der Fachliteratur auch für die Einzelunternehmen und die Personengesellschaften.

Von der Aufstellungsfrist ist die Einreichungsfrist beim Registergericht für die Offenlegung des Jahresabschlusses zu unterscheiden, die, unabhängig von der Betriebsgröße der Gesellschaft, einheitlich zwölf Monate nach Bilanzstichtag beträgt (§ 325 Abs. 3 HGB).

Die Aufstellungsfristen für die Jahresabschlüsse hängen nicht unmittelbar mit der Einreichung der Steuererklärungen durch die Unternehmen beim Finanzamt zusammen. Wird zum Beispiel dem Steuerberater vom Finanzamt eine Fristverlängerung für die Abgabe der Steuererklärungen seiner Mandanten eingeräumt, kann das Unternehmen diese Frist voll ausschöpfen.

Die Bank erwartet für das BIR selbstverständlich einen aktuellen Jahresabschluss. Legt das Unternehmen der Bank erst viele Mona-

Harte Faktoren: die Jahresabschlussanalyse

te nach Ablauf der Aufstellungsfrist von drei oder sechs Monaten seinen Jahresabschluss vor, handelt es sich für die Jahresabschlussanalyse weitgehend um Friedhofszahlen. Dies erschwert nicht nur das BIR, sondern auch die Selbstinformation des Unternehmers/Managers, die er aus einem aktuellen Jahresabschluss gewinnen kann.

Angesichts der Tatsache, dass die Banken für das BIR nicht nur eine monatliche Berichterstattung in Form der kurzfristigen Erfolgsrechnung, zum Beispiel durch die betriebswirtschaftlichen Auswertungen der DATEV (BWA), sondern auch Planzahlen, beispielsweise in Form einer monatlichen Finanzplanung, erwarten, ist ein verspätet aufgestellter Jahresabschluss für sie ein Ärgernis und wirkt sich in der Regel auf die Beurteilung des weichen Faktors Controlling negativ aus.

Aufbereitung der Bilanz (Handels- und Steuerbilanz)

Wird eine eigenständige Handelsbilanzpolitik betrieben, unterscheidet sich die Handelsbilanz von der Steuerbilanz. Die Aufbereitung der beiden Bilanzen muss die Bilanzpositionen, die voneinander abweichen, aufzeigen und erläutern.

Die Technik der Aufbereitung ist für beide Bilanzen identisch und umfasst folgende Schritte:

- Bereinigung (Aufdeckung der stillen Reserven)
- Richtigstellung und Saldierung
- Aufspaltung und Umgruppierung
- Zusammenziehung und Verdichtung

Bereinigung

Der wichtigste Punkt bei der Aufbereitung der Bilanz ist die Aufdeckung der stillen Reserven, die im Anlage- und/oder Umlaufvermögen bzw. auf der Passivseite (zum Beispiel überhöhte Rückstellun-

Aufbereitung des Jahresabschlusses für das Kreditrating

gen) gelegt wurden (vergleiche auch die Aufdeckung der stillen Reserven, siehe Seite 69 ff.).

Richtigstellung und Saldierung

Bei der Richtigstellung ist darauf zu achten, dass in der Bilanz richtige und klare Bezeichnungen der Bilanzpositionen verwendet werden. Ebenso ist die Vollständigkeit der im Anhang vorgeschriebenen Angaben zu prüfen.

Welche Saldierungen für die Jahresabschlüsse zweckmäßig sind, kann nicht allgemein gültig festgelegt werden. Welche Bilanzpositionen saldiert werden sollen, hängt vor allem davon ab, welche Bilanzkennzahlen für welche Informationsbereiche (zum Beispiel Vermögensstruktur, Kapitalstruktur, Finanzstruktur) gebildet werden.

> **Beispiel:**
>
> Eine GmbH hat auf der Passivseite eine Mio. EUR Schulden aufzuweisen. Auf der Aktivseite der Bilanz sind flüssige Mittel in Höhe von 200 000 EUR aktiviert. Im Rahmen der Kennzahlenanalyse sollen die Nettogesamtschulden ermittelt werden. Hierzu ist es erforderlich, die beiden Bilanzpositionen zu saldieren. Die Nettogesamtschulden betragen nicht eine Mio. EUR, sondern, nach Abzug der flüssigen Mittel, nur 800 000 EUR. Dies ergibt sich daraus, dass die flüssigen Mittel sofort für die Schuldentilgung eingesetzt werden könnten.

Grundsätzlich ist festzuhalten, dass bei der Aufbereitung des Jahresabschlusses ausschließlich betriebswirtschaftlich überlegt werden soll. Handelsrechtliche und steuerrechtliche Rechnungslegungsvorschriften werden dabei ignoriert. In dem vorgenannten Beispiel wird das Saldierungsverbot des § 246 Abs. 2 HGB vernachlässigt, wonach Positionen der Aktivseite nicht mit Positionen der Passivseite der Bilanz verrechnet werden dürfen.

Harte Faktoren: die Jahresabschlussanalyse

Aufspaltung und Umgruppierung

Bei der Aufspaltung werden Bilanzpositionen, die unterschiedlichen Abschlusskategorien zugerechnet werden müssen, entsprechend aufgeteilt.

> **Beispiel:**
>
> Eine GmbH hat auf der Passivseite ihrer Bilanz einen Sonderposten mit Rücklageanteil (SOPO) in Höhe von 200 000 EUR ausgewiesen. Bei einem SOPO handelt es sich um offen ausgewiesene stille Reserven, die bei Auflösung des Postens versteuert werden müssen. Im Rahmen der Aufbereitung der Bilanz für die Jahresabschlussanalyse werden die Steuern (Körperschaftsteuer, Gewerbeertragsteuer) pauschal mit 40 % angesetzt. Dies bedeutet, dass 60 % (= versteuerter Gewinnanteil) zum Eigenkapital und 40 % (= Steueranteil) zum Fremdkapital gerechnet werden müssen.

Bei der Umgruppierung wird eine Bilanzposition komplett oder teilweise aus dem Bilanzgefüge herausgenommen und an anderer Stelle wieder eingefügt.

> **Beispiel:**
>
> Die Bilanzposition Pensionsrückstellungen wird aus dem Fremdkapital herausgenommen und unter dem Eigenkapital als eigenkapitalähnliche Mittel gesondert ausgewiesen.

Zusammenziehung und Verdichtung

Bei der Zusammenziehung und Verdichtung werden verschiedene Bilanzpositionen zu Gruppen zusammengefasst. Dabei wird in der Regel auf der Aktivseite der Bilanz nach Liquiditätsgesichtspunkten und auf der Passivseite nach Fristigkeiten (Kapitalbindungsdauer) gegliedert.

Aufbereitung des Jahresabschlusses für das Kreditrating

Beispiele:

Sämtliche Anlagegegenstände werden in einer einzigen Position Anlagevermögen zusammengefasst. Auf der Passivseite werden sämtliche Verbindlichkeiten unter acht möglichen Verbindlichkeitenpositionen, die eine Restlaufzeit von bis zu einem Jahr aufweisen, einschließlich der kurzfristigen Rückstellungen, zu einer einzigen Position „Kurzfristiges Fremdkapital" zusammengefasst.

Das Ergebnis ist eine reduzierte Bilanz. Durch die Aufnahme von Vorjahreswerten und durch die Bildung von Prozentwerten wird aus dieser verdichteten Bilanz eine verdichtete Strukturbilanz.

Man kann mit Hilfe einer solchen verdichteten Strukturbilanz zum Beispiel feststellen, wie sich das kurzfristige Fremdkapital gegenüber dem Vorjahr entwickelt hat:

Periode	kurzfristiges Fremdkapital	in Prozent der Bilanzsumme
Periode 01	900 000 EUR	15,0 %
Periode 02	700 000 EUR	11,6 %

Verdichtete Strukturbilanz (Ausschnitt)

Der Kreditberater als Bilanzanalytiker erkennt auf Anhieb, dass sich die Fremdkapitalstruktur in Bezug auf das kurzfristige Fremdkapital verbessert hat. Analysiert man die Zusammensetzung dieser verdichteten Position kurzfristiges Fremdkapital und stellt beispielsweise fest, dass die Lieferantenschulden um 200 000 EUR abgebaut werden konnten, ist dies eine positive Entwicklung, die das Ergebnis des BIR günstig beeinflussen kann.

Harte Faktoren: die Jahresabschlussanalyse

Wie bereits ausgeführt, wird bei der Jahresabschlussanalyse im Rahmen des BIR auch der eingereichte Anhang ausgewertet. In ihrem Anhang muss die Gesellschaft ihre sonstigen finanziellen Verpflichtungen (§ 285 Nr. 3 HGB), zum Beispiel Leasingverpflichtungen für Mobilien, wie etwa der Fuhrpark, und Immobilien, Verpflichtungen aus begonnenen Investitionsvorhaben und aus Umweltschutzmaßnahmen, Nachschussverpflichtungen (§ 26 GmbHG) etc. ausweisen, die nicht in der Bilanz erscheinen.

Für die Aufbereitung der Bilanz ist auch noch von Bedeutung, dass diese in vielen Fällen unvollständig ist:

Schwebende Geschäfte

So sind beispielsweise schwebende Geschäfte in der Bilanz nicht erfasst. Ein schwebendes Geschäft liegt vor, wenn das liefernde oder leistende Unternehmen noch nicht geliefert oder geleistet hat und das Kunden-Unternehmen die vereinbarte Lieferung oder Leistung noch nicht bezahlt hat bzw. auch noch keine Anzahlung geleistet hat.

Auftragsbestand

Auftragsbestände sind in der Bilanz nicht aufgeführt, obwohl sie für die Beurteilung der Kreditwürdigkeit im Rahmen des BIR wichtig sind.

> **Praxis-Tipp:**
> Der Bank sollte sowohl eine positive als auch eine negative Entwicklung der Auftragsbestände mitgeteilt werden. Das Unternehmen sollte hier mit offenen Karten spielen, damit der Bank für ihr BIR ein objektives Bild der Ertragslage und der Vermögenslage vermittelt wird.

Aufbereitung des Jahresabschlusses für das Kreditrating

Weitere Kreditlinien

Der Bilanz sind keine Informationen darüber zu entnehmen, ob das Unternehmen von anderen Kreditinstituten bestimmte Kreditlinien eingeräumt erhalten hat. Selbstverständlich wäre eine solche Kenntnis für das BIR von erheblicher Bedeutung. Es muss im Einzelfall entschieden werden, ob solche Informationen an den Kreditberater weitergegeben werden sollen.

Aufbereitung der Gewinn- und Verlustrechnung

Das BIR hat als wesentliche Zielsetzung, Aufschluss über die zukünftige Ertragskraft des Schuldner-Unternehmens zu gewinnen. Nur wenn ein Unternehmen über eine nachhaltige Ertragskraft, d.h. über die Fähigkeit, Gewinne zu erzielen, verfügt, ist es in der Lage, aufgenommene Bankkredite zu verzinsen und zu tilgen. Also bildet die nachhaltige Ertragskraft für die Bank einen Orientierungsmaßstab für die Schuldendienstfähigkeit des Unternehmens.

Die Bonitätsanalyse im Rahmen des BIR stellt demnach eine ertragsorientierte Bonitätsanalyse (Ergebnisbetrags- und Ergebnisstrukturanalyse) dar, die noch durch die Finanzanalyse ergänzt wird.

Eine solche ertragsorientierte Bonitätsanalyse setzt eine Aufbereitung der Gewinn- und Verlustrechnung voraus. Das gesetzliche Gliederungsschema der Gewinn- und Verlustrechnung (siehe Praxishilfen, Seite 218 f.) muss für diese Analysezwecke ergänzt bzw. modifiziert werden.

In dem gesetzlichen Gliederungsschema fehlen an entscheidenden Stellen Zwischensummen, die für notwendige Kennzahlenbildungen im Rahmen der Jahresabschlussanalyse unbedingt erforderlich sind:

Gesamtleistung

Es wurde bereits darauf hingewiesen, dass das gesetzliche Gliederungsschema der Gewinn- und Verlustrechnung (§ 275 Abs. 2 HGB) einen Produktionsbetrieb unterstellt. Für einen solchen Be-

Harte Faktoren: die Jahresabschlussanalyse

trieb ist in jedem Fall die Gesamtleistung zu ermitteln. Diese errechnet sich wie folgt:

> Umsatzerlöse
> +/- Bestandsveränderungen
> + andere aktivierte Eigenleistungen
> = Gesamtleistung

> **Praxis-Tipp:**
> Jedes Produktionsunternehmen sollte unbedingt nach den ersten drei G&V-Positionen eine Zwischensumme ziehen, die die Gesamtleistung beinhaltet. Dies ist notwendig, da das gesetzliche Gliederungsschema an dieser Stelle keine Zwischensumme vorsieht.

Rohertrag

Wird von der Gesamtleistung (G&V-Positionen 1 bis 3) die Position 5 Materialaufwand abgezogen, erhält man den Rohertrag (Rohergebnis). Dieses Rohergebnis wird zu der Gesamtleistung und/oder zu dem Umsatz in Beziehung gebracht und man erhält die Rohertragsquote:

$$\frac{Rohertrag}{Umsatz\ oder\ Gesamtleistung} \times 100 = Rohertragsquote$$

Nach dem gesetzlichen Gliederungsschema wird der Rohertrag und damit natürlich auch die Rohertragsquote in der Regel zu hoch ausgewiesen, da dem Rohertrag noch die G&V-Position 4 „Sonstige betriebliche Erträge" hinzuaddiert wird. Die Position „Sonstige betriebliche Erträge" enthält zum Beispiel Erträge aus dem Verkauf von Anlagegütern.

Aufbereitung des Jahresabschlusses für das Kreditrating

Beispiel:

Ein Unternehmen hat in seinem Betriebsvermögen ein Grundstück mit 100 000 EUR aktiviert, das im Bilanzjahr für 500 000 EUR veräußert wird. Der Veräußerungsgewinn in Höhe von 400 000 EUR wird in der Position 4 „Sonstige betriebliche Erträge" erfasst und erhöht damit den Rohertrag. Dies stellt eine Verzerrung bzw. Verfälschung des tatsächlich erzielten Rohertrags dar.

Der Rohertrag bzw. die Rohertragsquote sollten daher grundsätzlich ohne Berücksichtigung der G&V-Position 4 „Sonstige betriebliche Erträge" ermittelt werden.

Praxis-Tipp:

Das Unternehmen sollte für das BIR den Rohertrag bzw. die Rohertragsquote auf zweifache Art und Weise ermitteln: einmal unter Einschluss der sonstigen betrieblichen Erträge und zweitens ohne Berücksichtigung der sonstigen betrieblichen Erträge.

Das gesetzliche Gliederungsschema sieht nach der G&V-Position 5 „Materialaufwand" keine Zwischensumme vor. Für die Kennzahlenanalyse ist an dieser Stelle unbedingt eine Zwischensumme erforderlich.

Betriebsergebnis

Von dem Rohertrag als Zwischensumme sind folgende Aufwandsarten abzuziehen:

- Personalaufwand (Position 6),
- Abschreibungen (Position 7),
- Sonstige betriebliche Aufwendungen (Position 8).

Harte Faktoren: die Jahresabschlussanalyse

Als Zwischensumme ergibt sich das Betriebsergebnis, das den Gewinn aus dem operativen Geschäft darstellt. Auch an dieser Stelle sieht das gesetzliche Gliederungsschema keine Zwischensumme vor. Hier muss unbedingt eine Zwischensumme gezogen werden, da das Betriebsergebnis als der Maßstab für die Qualität des Managements betrachtet wird. Das Betriebsergebnis geht über verschiedene Kennzahlen in das BIR ein (siehe Kapitel 3 „Optimierung der Jahresabschlusszahlen [harte Faktoren] für das BIR").

Finanzergebnis

Die G&V-Positionen 9 bis 13 führen zu dem Finanzergebnis. Das gesetzliche Gliederungsschema sieht für das Finanzergebnis keine Zwischensumme vor. Für das BIR wie für die Selbstinformation des Managements ist es unerlässlich, das Finanzergebnis von dem Betriebsergebnis abzugrenzen. In den meisten Fällen wird das Finanzergebnis negativ ausfallen.

Man sieht daher durch diesen gesonderten Ausweis auf Anhieb, wie und in welchem Umfang das Betriebsergebnis (operativer Gewinn) durch das Finanzergebnis, d.h. durch die günstige oder ungünstige Finanzierung des Unternehmens (Fremdkapitalstruktur), negativ, eventuell sogar positiv, beeinflusst wird.

Ergebnis der gewöhnlichen Geschäftstätigkeit

Nach dem Finanzergebnis erscheint in dem gesetzlichen Gliederungsschema die erste Zwischensumme, das „Ergebnis der gewöhnlichen Geschäftstätigkeit" (G&V-Position 14). Das Ergebnis der gewöhnlichen Geschäftstätigkeit stellt für die Mehrzahl der Betriebe den Gewinn vor Steuern und vor Gewinnverwendung dar. Dies ergibt sich aus der Tatsache, dass die G&V-Positionen 15 und 16, die die außerordentlichen Erträge und Aufwendungen enthalten, die zu dem außerordentlichen Ergebnis (G&V-Position 17) führen, in der betrieblichen Praxis fast nicht mehr vorkommen.

Aufbereitung des Jahresabschlusses für das Kreditrating

Außerordentliches Ergebnis

Nach den Rechnungslegungsvorschriften des HGB zählen zu dem außerordentlichen Ergebnis nur noch ganz wenige Geschäftsvorfälle, so zum Beispiel:

- Enteignungen,
- Veräußerung von ganzen Betrieben oder einzelnen Betriebsstätten,
- Stilllegung einer Betriebsstätte etc.

Solche ungewöhnlichen Geschäftsvorfälle könnten zu außerordentlichen Erträgen oder Aufwendungen führen, die das außerordentliche Ergebnis bilden würden.

Wenn solche höchst seltenen Geschäftsvorfälle nicht auftreten, wird in der Reihenfolge des gesetzlichen Gliederungsschemas nach der Position 14 Ergebnis der gewöhnlichen Geschäftstätigkeit die Nummerierung mit der Position 15 „Steuern vom Einkommen und vom Ertrag" und Position 16 „Sonstige Steuern" fortgesetzt. Dies bedeutet, dass die Positionen 15, 16 und 17, die das außerordentliche Ergebnis ausmachen, nicht als Leerpositionen aufgeführt werden müssen (§ 265 Abs. 8 HGB), wenn sie überhaupt nicht vorkommen (Ausnahme: Im Vorjahr wurden unter diesen Positionen Beträge ausgewiesen).

Steuern

Die Steuern vom Einkommen und vom Ertrag – G&V-Position 18 (Position 15, wenn kein außerordentliches Ergebnis vorhanden ist) – beinhalten: Körperschaftsteuer (= Steuer vom Einkommen) und Gewerbeertragsteuer (= Steuer vom Ertrag).

Die sonstigen Steuern – G&V-Position 19 (Position 16, wenn kein außerordentliches Ergebnis vorhanden ist) – enthalten zum Beispiel die Grundsteuer für Betriebsgrundstücke, die Kraftfahrzeugsteuer, Verbrauchsteuern etc.

Harte Faktoren: die Jahresabschlussanalyse

Tatsächlich sind die sonstigen Steuern nicht selten unter der G&V-Position 8 „Sonstige betriebliche Aufwendungen" zu finden. Hier gehören sie auch hin, da es sich bei den sonstigen Steuern um so genannte Kostensteuern handelt, die bereits bei der Ermittlung des Betriebsergebnisses abgesetzt werden sollten.

Jahresüberschuss/Jahresfehlbetrag

Die letzte G&V-Position 20 (oder 17, wenn kein außerordentliches Ergebnis ausgewiesen wird), stellt den Jahresüberschuss bzw. Jahresfehlbetrag dar. Es handelt sich bei dieser Position um den Gewinn nach Steuern vor Gewinnverwendung.

Wenn der Jahresüberschuss (= versteuerter Gewinn) feststeht, wird darüber entschieden, was mit diesem Gewinn passiert.

Der Jahresüberschuss wird entweder

- ausgeschüttet,
- in die Rücklagen eingestellt, oder
- auf das nächste Geschäftsjahr vorgetragen.

Entsteht ein Jahresfehlbetrag (Verlust), wird dieser entweder vorgetragen oder mit Gewinnen des Vorjahres oder der Vorjahre verrechnet.

Für die Aktiengesellschaften ist die Gewinnverwendung in § 158 AktG geregelt. Die Gewinnverwendung muss bei der Aktiengesellschaft in deren Gewinn- und Verlustrechnung dargestellt werden.

Die GmbH und die GmbH & Co. KG haben für die Darstellung der Gewinnverwendung ein Wahlrecht, sie können die Gewinnverwendung wie die Aktiengesellschaften in der Gewinn- und Verlustrechnung, in der Bilanz oder im Anhang darstellen.

Zusammenfassend stellt sich die Aufbereitung der Gewinn- und Verlustrechnung für das BIR und zur Selbstinformation wie folgt dar:

Aufbereitung des Jahresabschlusses für das Kreditrating

G&V-Positionen ( )	Analyseziele
Umsatzerlöse (1)	Umsatzerfolg
+/− Bestandsveränderungen (2)	
+ andere aktivierte Eigenleistungen (3)	
= Gesamtleistung (Zwischensumme)	wirtschaftliche Leistung
− Materialaufwand (5)	
= Rohertrag (Zwischensumme)	Wertschöpfung
+ sonstige betriebliche Erträge (4)	neutrales Ergebnis
− Personalaufwand (6)	
− Abschreibungen (7)	Aufwandsstrukturen
− sonstige betriebliche Aufwendungen (8)	
= Betriebsergebnis (Zwischensumme)	operativer Gewinn
+/− Finanzergebnis (Zwischensumme)	Finanzstruktur
= Ergebnis der gewöhnlichen Geschäftstätigkeit (14)	
+/− außerordentliches Ergebnis (15-17)	
− Steuern (18-19)	
= Jahresüberschuss/Jahresfehlbetrag (20)	Gewinn nach Steuern vor Gewinnverwendung

Aufbereitung der Gewinn- und Verlustrechnung für das BIR

Aufdeckung der stillen Reserven (Zusatzinformationen für das Kreditgespräch)

Die Bank verarbeitet im Rahmen ihres BIR normalerweise den Jahresabschluss so, wie er von dem Unternehmen vorgelegt wird. Sie berücksichtigt von vornherein nicht, dass im Jahresabschluss stille Reserven enthalten sein können, die die ausgewerteten Jahresabschlusskennzahlen stark zugunsten des Unternehmens verändern und damit ein besseres Ratingergebnis (Ratingnote) bewirken würden.

Harte Faktoren: die Jahresabschlussanalyse

Praxis-Tipp:

Das Unternehmen sollte der Bank seinen Jahresabschluss erst dann vorlegen, wenn die eventuell vorhandenen stillen Reserven aufgedeckt sind. Der Bank sind für ihr BIR Zusatzinformationen zu liefern, die sämtliche aufgelösten stillen Reserven enthalten.

Stille Reserven können sowohl auf der Aktivseite als auch auf der Passivseite der Bilanz enthalten sein:

- im Anlagevermögen: zum Beispiel steuerliche Sonderabschreibungen nach § 7g EStG, unterlassene Zuschreibungen;
- im Umlaufvermögen: zum Beispiel Unterbewertungen von Vorräten, unterlassene Zuschreibungen;
- auf der Passivseite: zum Beispiel Bildung von überhöhten Rückstellungen.

Beispiel:

Ein Unternehmen hat im Geschäftsjahr 01 für sein Rohstofflager stille Reserven in Höhe von 25 000 EUR gelegt. Eine Aufdeckung dieser stillen Reserven führt zu folgendem Ergebnis:

Stille Reserven	25 000 EUR	100,0 %
Körperschaftsteuer (25 %)	− 6 250 EUR	25,0 %
Gewerbeertragsteuer (13,5 %)	− 3 375 EUR	13,5 %
Zusätzlicher Gewinn nach Steuern (ohne Soli-Zuschlag)	= 15 375 EUR	61,5 %

Der versteuerte Gewinn in Höhe von 15 375 EUR erhöht das Eigenkapital. Die Körperschaftsteuer (6 250 EUR) und die Gewerbeertragsteuer (3 375 EUR) sind Steuerschulden und damit Fremdkapital.

Aufbereitung des Jahresabschlusses für das Kreditrating

Bleiben die stillen Reserven in Höhe von 25 000 EUR unaufgedeckt, ergeben sich für das Bilanzbild und die Gewinn- und Verlustrechnung folgende Wirkungen:

Bilanz

- Das Umlaufvermögen wird um 25 000 EUR zu niedrig bewertet.

  Korrektur: Umlaufvermögen + 25 000 EUR.

- Das Eigenkapital wird um 15 375 EUR (61,5 %) zu niedrig ausgewiesen.

  Korrektur: Eigenkapital + 15 375 EUR.

- Das Fremdkapital wird um 9 625 EUR (38,5 %) zu niedrig ausgewiesen.

  Korrektur: Fremdkapital + 9 625 EUR.

Gewinn- und Verlustrechnung

- Das Betriebsergebnis (operativer Gewinn) wird um 25 000 EUR zu niedrig ausgewiesen.

  Korrektur: Betriebsergebnis + 25 000 EUR.

- Der Jahresüberschuss (Gewinn nach Steuern, vor Gewinnverwendung) wird um 15 375 EUR zu niedrig ausgewiesen.

  Korrektur: Jahresüberschuss + 15 375 EUR.

Durch die Aufdeckung der stillen Reserven verbessern sich für das Unternehmen sowohl das Bilanzbild als auch die Ertragslage, die die Gewinn- und Verlustrechnung widerspiegelt.

Ebenso verbessern sich die Kennzahlenwerte, die aus der Bilanz bzw. der Gewinn- und Verlustrechnung für das BIR abgeleitet wer-

Harte Faktoren: die Jahresabschlussanalyse

den. So verbessert sich zum Beispiel die Eigenkapitalquote, die das Gesamtgewicht der harten Faktoren allein mit 15 % Anteil bestimmt:

$$\frac{\text{Eigenkapital}}{\text{Gesamtkapital}} \times 100 = \text{Eigenkapitalquote}$$

Das Eigenkapital im Zähler erhöht sich um 15 375 EUR und das Gesamtkapital im Nenner um 25 000 EUR (= Gewinn nach Steuern + Steuerschuld). Die Verbesserung der Eigenkapitalquote durch die Aufdeckung der stillen Reserven kann zu einer wesentlichen Verbesserung des Ratingergebnisses führen.

Die Aufdeckung der stillen Reserven in der Steuerbilanz und/oder Handelsbilanz ist eine der wichtigsten Maßnahmen des Unternehmens bei der Vorbereitung auf das BIR. Es muss unter allen Umständen vermieden werden, dass die Bank Jahresabschlüsse eines Unternehmens auswertet, ohne dass vorher die eventuell vorhandenen stillen Reserven aufgelöst worden sind.

Die Ratingsysteme der Banken berücksichtigen in der Regel Zusatzinformationen des Unternehmens über vorhandene stille Reserven, die aufgedeckt wurden. So wird zum Beispiel nach Aussage einer Großbank bei der Jahresabschlussanalyse (harte Faktoren) das wirtschaftliche Eigenkapital zugrunde gelegt, das auch die aufgedeckten stillen Reserven berücksichtigt, und nicht das durch „Bilanzkosmetik" verfälschte nominelle Eigenkapital.

Optimierung der relevanten Jahresabschlusskennzahlen (harte Faktoren)

3

1. Allgemeines zu den Jahresabschlusskennzahlen und zum Kennzahlenvergleich 74
2. Plankennzahlen 78
3. Die relevanten Kennzahlen für das Kreditrating und deren Optimierung 84

Zahlreiche Hinweise in diesem Kapitel beziehen sich auf das Bilanzgliederungsschema, Seite 217, und die G&V-Gliederung, Seite 218.

1. Allgemeines zu den Jahresabschlusskennzahlen und zum Kennzahlenvergleich

Die Auswertung eines Jahresabschlusses erfolgt grundsätzlich mit Hilfe von Kennzahlen. Als Jahresabschlusskennzahlen werden sowohl absolute Zahlen wie der Cashflow als auch Relativzahlen wie die Eigenkapitalquote eingesetzt.

Eine Jahresabschlussanalyse kann nur dann sinnvoll durchgeführt werden, wenn ein Kennzahlenvergleich stattfindet. Nur ein solcher Kennzahlenvergleich ermöglicht es, Schwachstellen im Unternehmen aufzudecken. Ein Hauptziel der Jahresabschlussanalyse sowohl für das BIR als auch zur Selbstinformation des Unternehmers ist die Aufdeckung der Schwachstellen im Unternehmen.

Dabei wird im Rahmen des BIR ein innerbetrieblicher Zeitvergleich (eventuell auch ein innerbetrieblicher Soll-Ist-Vergleich) und ein zwischenbetrieblicher Vergleich (Branchenvergleich) durchgeführt.

Innerbetrieblicher Vergleich

Der innerbetriebliche Zeitvergleich stellt Ist-Zahlen eines einzelnen Betriebes aus verschiedenen Zeitpunkten bzw. Zeiträumen gegenüber. Für die Kapitalgesellschaften und die GmbH & Co. KGs ist dieser innerbetriebliche Zeitvergleich gesetzlich vorgeschrieben (§ 265 Abs. 2 HGB).

> **Beispiel:**
>
> Ein Unternehmen ermittelt im Rahmen seines innerbetrieblichen Kennzahlenvergleichs die Entwicklung der Personalproduktivität seines Unternehmens. Hierzu wird folgende Kennzahl gebildet:
>
> $$\frac{\text{Umsatz oder Gesamtleistung}}{\text{Zahl der Beschäftigten}} = \frac{\text{Umsatz (Gesamtleistung)}}{\text{je beschäftigte Person}}$$

Allgemeines zu den Jahresabschlusskennzahlen

Diese Kennzahl drückt aus, wie viel Umsatz in EUR im Geschäftsjahr auf einen vollzeitbeschäftigten Mitarbeiter entfällt.

Angenommen, die Personenumsatzleistung hat sich wie folgt entwickelt:

Geschäftsjahr 01: 80 000 EUR je beschäftigte Person

Geschäftsjahr 02: 82 800 EUR je beschäftigte Person

Steigerungsrate in 02 gegenüber 01 = 3,5 % (2 800 EUR).

Der Kennzahl „Personalproduktivität" kommt eine große Bedeutung zu, da in vielen Branchen der Personenfaktor den größten Kostenfaktor darstellt, der unbedingt rational eingesetzt werden muss.

Der innerbetriebliche Zeitvergleich hat zwei entscheidende Vorteile aufzuweisen:

- Das Unternehmen wird durch einen solchen Zeitvergleich an der eigenen Vergangenheit gemessen, zum Beispiel ist die Personalproduktivität gegenüber dem Vorjahr gestiegen, gleich geblieben oder eventuell abgesunken.

- Das der Kennzahlenbildung zugrunde liegende Zahlenmaterial ist objektiv richtig. Der Unternehmer/Manager weiß genau, an welcher Stelle im abgelaufenen Geschäftsjahr stille Reserven angelegt wurden. Diese können dann vor Durchführung des innerbetrieblichen Kennzahlenvergleichs aufgelöst werden, sodass die Kennzahlenwerte jeweils mit den Vorjahreswerten voll vergleichbar sind. Ebenso kann die formelle Vergleichbarkeit sichergestellt werden, d.h., der Unternehmer wird Jahr für Jahr die zu vergleichenden Kennzahlen in der gleichen Art und Weise erfassen und abgrenzen und, wenn eine Bewertung notwendig ist, dieselben Bewertungsregeln anwenden.

Optimierung der Jahresabschlusskennzahlen

> **Praxis-Tipp:**
>
> Das Unternehmen sollte nicht versäumen, seiner Hausbank für die Bildung jeder einzelnen Kennzahl im Rahmen des BIR das bereinigte Zahlenmaterial (nach Aufdeckung der stillen Reserven) zur Verfügung zu stellen. Hat sich die Vergleichsbasis einer Kennzahl gegenüber dem Vorjahr verändert, ist dies der Bank mitzuteilen und zu begründen.

Zwischenbetrieblicher Vergleich (Branchenvergleich)

Der Unternehmer/Manager sollte die Jahresabschlusskennzahlen seines Betriebes im Rahmen eines Soll-Ist-Vergleichs auch mit den Branchendurchschnittswerten (falls ein Branchenvergleich verfügbar ist) vergleichen. Dabei werden die Branchendurchschnittswerte als Sollwerte aufgefasst, die unbedingt erreicht werden sollten. Ein solcher Branchenvergleich bringt der Bank für ihr BIR wesentliche Aufschlüsse darüber, welche Wettbewerbsposition das zu analysierende Unternehmen innerhalb seiner Branche einnimmt.

Die Unternehmen müssen sich darüber im Klaren sein, dass jede Bank selbst solche Branchenvergleiche durchführt. So verarbeiten beispielsweise sämtliche Sparkassen in Deutschland die Jahresabschlüsse, die ihnen für die Kreditprüfung (BIR) eingereicht werden, zentral und werten sie nach Branchen differenziert aus. Lassen sich genügend Unternehmen, deren Jahresabschlüsse ausgewertet wurden, einer bestimmten Branche zuordnen, wird ein solcher Branchenvergleich automatisch durchgeführt. Die meisten anderen Banken verfahren in gleicher Art und Weise und kommen so zu Branchendurchschnittswerten.

Weitere Vergleichsträger, die Branchenvergleichswerte durchführen, sind unter anderem:

Allgemeines zu den Jahresabschlusskennzahlen

Wissenschaftliche Institute

Zum Beispiel Deutsche Bundesbank, Institut für Handelsforschung an der Universität zu Köln.

> **Praxis-Tipp:**
>
> Die Deutsche Bundesbank führt seit Jahrzehnten einen Branchenvergleich für insgesamt 22 Branchen durch. Die ausgewerteten Ergebnisse werden den Unternehmen auf Anforderung kostenlos zur Verfügung gestellt.

DATEV

Die DATEV betreut als Datenverarbeitungsorganisation des steuerberatenden Berufs fast zwei Drittel aller Buchhaltungen in Deutschland und ist so in der Lage, zahlreiche Branchenvergleiche durchzuführen.

> **Praxis-Tipp:**
>
> Das Unternehmen sollte bei der DATEV über seinen Steuerberater die Broschüre „Wie liest man einen Betriebsvergleich?" anfordern, die sämtliche Branchen enthält, für die ein Betriebsvergleich durchgeführt wird. Jedes Unternehmen kann sich problemlos, ohne Arbeitsaufwand, an einem solchen Betriebsvergleich beteiligen, indem es sich damit einverstanden erklärt, dass seine betriebseigenen Zahlen (selbstverständlich anonym) in den Branchenvergleich (online) mit einfließen.

Sonstige Vergleichsträger

Dabei handelt es sich zum Beispiel um Einkaufsverbände, Berufsverbände, Innungen im Handwerksbereich, Erfahrungsaustauschgruppen.

Optimierung der Jahresabschlusskennzahlen

> **Praxis-Tipp:**
> Wenn für ein Unternehmen ein Branchenvergleich existiert, sollte es sich in jedem Fall daran beteiligen. Jeder Unternehmer sollte sich in seinem Umfeld orientieren, ob ein Branchenvergleich zur Verfügung steht.

Ein Branchenvergleich erleichtert es dem Unternehmer in den meisten Fällen, eine Standortbestimmung vorzunehmen. Bei den für das BIR relevanten Kennzahlenwerten sollte das Unternehmen mindestens den Branchendurchschnitt erreichen. Insoweit sind, wie bereits ausgeführt, die Branchendurchschnittswerte Sollwerte, die von dem zu analysierenden Unternehmen als Mindeststandards anzustreben sind.

Die Banken können für ihr BIR, was die Branchenstrukturen anlangt, unter anderem auf den umfangreichen Datenpool der Firma Financial and Economic Research International (FERI) zugreifen, die für über 340 Branchen Daten gespeichert hat. Von FERI werden die einzelnen Branchen nicht nur durch Branchenspezialisten analysiert, sondern auch detaillierte Prognosen über Branchenentwicklungen abgegeben, die zudem ständig aktualisiert werden.

2. Plankennzahlen

Für das BIR sind Plankennzahlen des Unternehmens vor allem aus diesen beiden Gründen von großer Bedeutung:

- Plankennzahlen zeigen, wie die Geschäftsleitung subjektiv die künftige Entwicklung seines Unternehmens einschätzt bzw. sieht.
- Plankennzahlen sagen etwas über die Planungsqualität und damit über die Qualität des weichen Faktors „Controlling des Unternehmens" aus.

Plankennzahlen

Grundsätzlich sollten von dem Unternehmen, falls möglich, sämtliche Jahresabschlusskennzahlen (harte Faktoren), die in das BIR-System einfließen, der Hausbank nicht nur als Vergangenheitswerte, sondern auch als Plankennzahlen präsentiert werden.

Wie das Unternehmen hierbei zweckmäßig vorgehen kann, soll an dem Beispiel Umsatzerfolg demonstriert werden:

- Die erste Position der Gewinn- und Verlustrechnung beinhaltet die Umsatzerlöse. § 277 Abs. 1 HGB definiert die Umsatzerlöse als die Nettoumsätze (ohne Umsatzsteuer) nach Abzug von Erlösschmälerungen (= Kundenrabatte, Skonti).

- Für Herstellerbetriebe und bestimmte Dienstleistungsbetriebe ist unter Umsatzerfolg im weiteren Sinne auch die Zwischensumme Gesamtleistung (= Summe der ersten drei G&V-Positionen) von Bedeutung.

Der Umsatzerfolg wird daher, je nach Branche, für die Vergangenheit und die Planjahre wie folgt dargestellt:

Umsatzerfolg – Ist-Kennzahlen	Jahr 1	Jahr 2	Jahr 3
Umsatz			
Gesamtleistung			
Wachstumsrate des Umsatzes in %			
Wachstumsrate der Gesamtleistung in %			
Branchenvergleich			
Wachstumsrate des Umsatzes in % (+/–)			
Wachstumsrate der Gesamtleistung in % (+/–)			

Umsatzerfolg (Vergangenheitswerte)

Optimierung der Jahresabschlusskennzahlen

Umsatzerfolg – Plankennzahlen	Planjahr 1	Planjahr 2
Umsatz		
Gesamtleistung		
Wachstumsrate des Umsatzes in %		
Wachstumsrate der Gesamtleistung in %		

Umsatzerfolg (Planwerte)

> **Beispiel:**
>
> Wenn das Unternehmen in der Lage ist, eine Plan-Gewinn- und Verlustrechnung aufzustellen, sollte diese der Hausbank vorgelegt werden. Eine solche Plan-Gewinn- und Verlustrechnung belegt, dass das Unternehmen über ein überdurchschnittliches Controlling verfügt.

Plan-, Gewinn- und Verlustrechnung (Einzelhandelsunternehmen)

Umsatzplanung

Ausgangspunkt der Plan-Gewinn- und Verlustrechnung ist der Planumsatz, der für das Planjahr angepeilt wird. Die Umsatzplanung sollte grundsätzlich von unten nach oben erfolgen. Dies bedeutet, dass die verantwortlichen Mitarbeiter (zum Beispiel die Abteilungsleiter dieses Einzelhandelsunternehmens) in die Planung unbedingt einzubeziehen sind.

Auf der Grundlage der Umsatzstatistik und/oder der kurzfristigen Erfolgsrechnung wird die Umsatzentwicklung der Vergangenheit analysiert und ein eventueller Umsatztrend für die einzelnen Sortimentsgruppen (Artikelgruppen) fortgeschrieben. Außerdem werden in die Umsatzplanung die im Planjahr vorgesehenen Mar-

Plankennzahlen

ketingaktivitäten (zum Beispiel Werbemaßnahmen, Verkaufsförderungsmaßnahmen, Rabattpolitik) einbezogen.

Unter Berücksichtigung der Vergangenheitsentwicklung, der Umsatztrends und der geplanten Marketingaktivitäten werden für die einzelnen Sortimentsgruppen (Artikelgruppen) die Umsatzziele in EUR formuliert, die sich zu dem Planumsatz im Planjahr 01 aufsummieren lassen.

Planung der Betriebshandelsspanne (Rohertragsplanung)

Die Planung der Betriebshandelsspanne (Rohertragsquote) orientiert sich an den Vergangenheitswerten. Sie errechnet sich wie folgt:

Planumsatz	100,0 %
– Planwareneinsatz	65,0 %
= Planbetriebshandelsspanne	35,0 %

Betrug beispielsweise der Wareneinsatz im Durchschnitt der vergangenen drei Jahre 65 % des Umsatzes und wird auch im Planjahr mit diesem Prozentwert des Wareneinsatzes gerechnet, kann die Planbetriebshandelsspanne (Plan-Rohertragsquote) in dem vorstehenden Beispiel mit 35 % des Umsatzes angesetzt werden.

Kostenplanung

Die Kostenplanung wird in dem Beispiel als Planung der Kostenarten durchgeführt. Die Kostenarten lassen sich zum größten Teil exakt planen. So sind zum Beispiel die Personalkosten ziemlich genau zu bestimmen, wenn ein Personalbedarfsplan für das Planjahr vorliegt (Management, Abteilungsleiter, sonstiges Personal). Die Gehälter und die Personalzusatzkosten können in diesem Fall exakt beziffert werden.

Dasselbe gilt für die Mietkosten und die übrigen Kostenarten.

Optimierung der Jahresabschlusskennzahlen

Für diejenigen Kostenarten, die nicht weitgehend festliegen, kann man als Planungsgrundlage einerseits die Vergangenheitswerte und andererseits Vergleichswerte aus einem zwischenbetrieblichen Vergleich heranziehen.

Ergebnisplanung

Aufgrund der Umsatzplanung, der Planung der Betriebshandelsspanne und der Planung der Kostenarten lässt sich eine Plan-Gewinn- und Verlustrechnung aufstellen, die zu dem Plangewinn in dem Planjahr führt. Der Plangewinn stellt den Gewinn vor Körperschaftsteuer und vor Gewinnverwendung dar. Wird der Gewinn um die Körperschaftsteuer und dem Solidaritätszuschlag gemindert, gelangt man zu dem Plan-Jahresüberschuss (Gewinn nach Steuern vor Gewinnverwendung).

Die Plan-Gewinn- und Verlustrechnung dieses Einzelhandelsunternehmens einer GmbH kann jetzt wie folgt aufgestellt werden:

	EUR	in % des Umsatzes
Planumsatz		100,0 %
Planwareneinsatz		65,0 %
Planbetriebshandelsspanne		35,0 %
– Handlungskosten (geplant)		
Personalkosten		
Miete		
Sachkosten für Geschäftsräume (zum Beispiel Heizung, Reinigung)		
Kosten für Werbung		
Gewerbeertragsteuer		
Kraftfahrzeugkosten		
Zinsen für Fremdkapital		
Abschreibungen		
alle übrigen Kosten		
= Plangewinn (vor KSt, vor Gewinnverwendung)		

Plan-Gewinn- und Verlustrechnung für das Planjahr 01 (Einzelhandelsunternehmen)

Plankennzahlen

> **Praxis-Tipp:**
> Eine Plan-Gewinn- und Verlustrechnung sollte der Hausbank nur dann vorgelegt werden, wenn sie auf einer soliden Grundlage beruht. Es ist zu berücksichtigen, dass die Wirksamkeit der Planung nach einem Jahr exakt überprüft werden kann. Es braucht nur der Plangewinn mit dem tatsächlich erzielten Gewinn verglichen zu werden. Ebenso lassen sich die Planabweichungen für die geplante und die erreichte Betriebshandelsspanne und die Soll-Ist-Abweichungen bei den geplanten Kostenarten nach Ablauf des Planjahres genau feststellen.

Existenzgründungsdarlehen

Wird ein Existenzgründungsdarlehen beantragt, ist es unerlässlich, der Bank als Teil eines umfassenden Businessplans eine Plan-Gewinn- und Verlustrechnung vorzulegen. Dabei genügt es nicht, eine Plan-Gewinn- und Verlustrechnung nur für das Jahr der Gründung zu erstellen, sondern zumindest auch für die Jahre, bis die Gewinnschwelle bzw. der Break Even Point (BEP) erreicht ist. Für eine Vielzahl von Existenzgründungen ist davon auszugehen, dass die ersten zwei bis drei Jahre seit der Gründung mit unvermeidlichen Anlaufverlusten belastet sind, bis die Gewinnschwelle (BEP) überschritten werden kann. Für diesen Zeitpunkt sollte eine Plan-Gewinn- und Verlustrechnung erstellt werden, die einerseits mit den unvermeidlichen Anlaufverlusten nicht mehr belastet ist und andererseits bereits als repräsentativ für die künftigen Geschäftsjahre angesehen werden kann. Dies könnte zum Beispiel das erste oder zweite Jahr nach dem Überschreiten des BEP sein.

Nur auf der Grundlage einer Plan-Gewinn- und Verlustrechnung kann die Bank das Risiko einschätzen, das mit der Kreditvergabe an einen solchen Existenzgründer verbunden ist.

Optimierung der Jahresabschlusskennzahlen

Die Ratingsysteme der Banken sind in einem solchen Fall entweder überhaupt nicht oder nur in einem ganz eingeschränkten Maße anwendbar. Es fehlt an den für das BIR notwendigen Vergangenheitsdaten, die eine Jahresabschlussanalyse überhaupt erst ermöglichen.

3. Die relevanten Kennzahlen für das Kreditrating und deren Optimierung

Da das BIR-System sein Hauptgewicht in der Regel auf die Kennzahlenwerte legt, die aufgrund der Jahresabschlussanalyse ermittelt werden, muss jedes Unternehmen große Anstrengungen unternehmen, um diese harten Faktoren im Rahmen des Möglichen zu optimieren. Dies setzt eine langfristige Strategie voraus:

Es muss sichergestellt sein, dass das Unternehmen diese Kennzahlenwerte jährlich möglichst in derselben Art und Weise ermittelt wie die Bank im Rahmen ihres BIR. Nur wenn die Kennzahlenwerte in dieser Form jährlich vorliegen, kann das Unternehmen an einer Optimierung überhaupt arbeiten.

Die so ermittelten Kennzahlen sollten innerbetrieblich und, falls möglich, auch zwischenbetrieblich verglichen werden. Es sollte grundsätzlich ein Kennzahlenvergleich vorliegen, der die inner- und zwischenbetriebliche Entwicklung jeder einzelnen Kennzahl aufzeigt. Nur so lässt sich ein Soll-Ist-Vergleich durchführen, der sowohl Kennzahlenverschlechterungen als auch mögliche Kennzahlenverbesserungen transparent macht.

Da die Kennzahlenwerte, die in das BIR eingehen, aufgrund bilanzpolitischer Entscheidungen des Unternehmers, unter Umständen durch in dem jeweiligen Bilanzjahr gebildete stille Reserven beeinflusst sind, sollten diese stillen Reserven Jahr für Jahr im Rahmen der Jahresabschlussanalyse aufgedeckt werden. Der Bank sind Zusatzinformationen zu liefern, an welcher Stelle und in welchem

Die relevanten Kennzahlen für das Kreditrating

Umfang von dem Unternehmer stille Reserven gebildet wurden. Die Zusatzinformationen sollten der Bank auch noch in der Art und Weise geliefert werden, dass neben den Kennzahlenwert, der sich ohne Aufdeckung der stillen Reserven ergibt (nominelle Jahresabschlussanalyse), der Kennzahlenwert nach Aufdeckung der stillen Reserven gestellt wird.

> **Beispiel:**
>
> Durch Aufdeckung von stillen Reserven im Anlage- und/oder Umlaufvermögen erhöht sich in dem Unternehmen die Eigenkapitalquote von 15 auf 18 %.

Das Unternehmen sollte für die im Rahmen des BIR eingesetzten Kennzahlen (zum Beispiel ROI, Eigenkapitalquote, Rohertragsquote, Cashflow etc.) Plankennzahlen aufstellen. Als Planungshorizont sollten die dem jeweiligen Bilanzstichtag folgenden zwei bis drei Jahre angenommen werden. Die Planwerte sollten nach Ablauf des jeweiligen Bilanzjahres einem Soll-Ist-Vergleich unterzogen werden, sodass bei größeren Abweichungen der Planungsprozess verbessert werden kann.

Kennzahlen zur Ertragslage

Zur Beurteilung der Ertragslage ziehen die Banken im Rahmen ihres BIR, wenn auch in leicht unterschiedlicher Gewichtung, vor allem die folgenden Kennzahlenwerte heran:

- Return on Investment (ROI)
- Betriebsergebnis (EBIT, EBITDA)
- Rohertragsquote
- Personalaufwandsquote
- Zinsaufwandsquote
- Mietaufwandsquote (zum Beispiel für Einzelhandelsunternehmen)

Optimierung der Jahresabschlusskennzahlen

Return on Investment (ROI)

Die Kennzahl ROI drückt die Kapitalverzinsung aus. Sie bezieht sich entweder auf die Gesamtkapitalverzinsung oder auf die Eigenkapitalverzinsung. Die Berechnungsmethode ist unterschiedlich, je nachdem, ob es sich um eine Kapitalgesellschaft oder um ein Einzelunternehmen bzw. eine Personengesellschaft handelt.

ROI (Gesamtkapital) für Kapitalgesellschaften

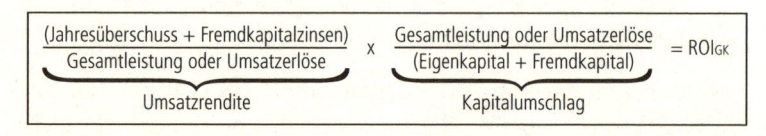

$$\underbrace{\frac{\text{(Jahresüberschuss + Fremdkapitalzinsen)}}{\text{Gesamtleistung oder Umsatzerlöse}}}_{\text{Umsatzrendite}} \times \underbrace{\frac{\text{Gesamtleistung oder Umsatzerlöse}}{\text{(Eigenkapital + Fremdkapital)}}}_{\text{Kapitalumschlag}} = \text{ROI}_{GK}$$

Der ROI bildet das Produkt aus Umsatzrendite und Kapitalumschlag, d.h., ein Produkt mit zwei Faktoren. Im Endergebnis zeigt der ROI an, wie sich das in dem Betrieb eingesetzte Kapital (Gesamtkapital oder Eigenkapital) verzinst hat.

- Faktor Umsatzrendite: Der Zähler des ersten Faktors Umsatzrendite umfasst den Jahresüberschuss (G&V-Position 20) und die Fremdkapitalzinsen (G&V-Position 13). Der Jahresüberschuss ist bei einer GmbH der Gewinn nach Steuern (Körperschaftsteuer, Gewerbeertragsteuer, sonstige Steuern) vor Gewinnverwendung (Ausschüttung, Gewinnvortrag, Einstellung in die Rücklagen).

    Die Nennergröße des ersten Faktors bildet die Bilanzsumme bzw. die durchschnittliche Bilanzsumme, die in der Regel wie folgt ermittelt wird:

    (Bilanzsumme zum 01.01. + Bilanzsumme zum 31.12.)
    : 2 = durchschnittliche Bilanzsumme.

Die relevanten Kennzahlen für das Kreditrating

- Faktor Kapitalumschlag: Der Zähler des zweiten Faktors umfasst entweder die Gesamtleistung (= Umsatzerlöse +/- Bestandsveränderungen + andere aktivierte Eigenleistungen) bei Herstellerbetrieben (auch bei bestimmten Dienstleistungsbetrieben) oder die Umsatzerlöse bei Handelsbetrieben (auch bei bestimmten Dienstleistungsbetrieben).

Die Nennergröße bildet wiederum die Bilanzsumme bzw. die durchschnittliche Bilanzsumme (arithmetisches Mittel).

ROI (Eigenkapital) für Kapitalgesellschaften

Die Mehrzahl der mittelständischen GmbHs ist in Bezug auf ihre Ausstattung mit Eigenkapital auf die Eigenkapitalzufuhr durch die Gesellschafter bzw. Gesellschafter-Geschäftsführer angewiesen. Diese wollen selbstverständlich auch wissen, wie sich das Eigenkapital verzinst. Dasselbe Interesse hat auch die Bank für ihr BIR. Aus diesem Grund wird die Kennzahl ROI nicht nur für das Gesamtkapital (Gesamtkapitalrentabilität), sondern auch für das Eigenkapital (Eigenkapitalrentabilität) gebildet:

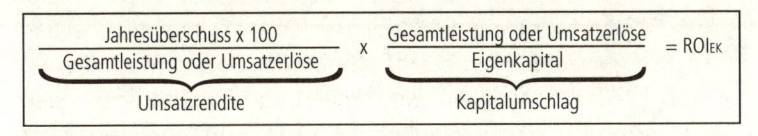

$$\underbrace{\frac{\text{Jahresüberschuss} \times 100}{\text{Gesamtleistung oder Umsatzerlöse}}}_{\text{Umsatzrendite}} \times \underbrace{\frac{\text{Gesamtleistung oder Umsatzerlöse}}{\text{Eigenkapital}}}_{\text{Kapitalumschlag}} = ROI_{EK}$$

Bei dem ROI für das eingesetzte Eigenkapital sind im Zähler des ersten Faktors Umsatzrendite nur der Jahresüberschuss und im Nenner des zweiten Faktors Kapitalumschlag nur das Eigenkapital aufgeführt, da mit dieser Kennzahl ROI_{EK} nur die Eigenkapitalrentabilität ermittelt werden soll. Die Eigenkapitalrentabilität sollte erheblich über der Gesamtkapitalrentabilität liegen. Dies ergibt sich rein rechnerisch aus der Tatsache, dass der zweite Faktor des Produkts größer ausfällt, da nur durch das Eigenkapital und nicht durch das Gesamtkapital dividiert wird.

Optimierung der Jahresabschlusskennzahlen

ROI (Gesamtkapital) für Einzelunternehmen und Personengesellschaften

Die Berechnungsmethode zur Ermittlung des ROI$_{GK}$ ist bei den Einzelunternehmen und Personengesellschaften die gleiche wie bei den Kapitalgesellschaften. Bei den Einzelunternehmen und den Personengesellschaften wird lediglich an Stelle des Jahresüberschusses (Gewinn nach Steuern vor Gewinnverwendung) der Gewinn vor Steuern eingesetzt:

$$\frac{(\text{Gewinn vor Steuern} + \text{Fremdkapitalzinsen})}{\text{Gesamtleistung oder Umsatzerlöse}} \times \frac{\text{Gesamtleistung oder Umsatzerlöse}}{(\text{Eigenkapital} + \text{Fremdkapital})} = \text{ROI}_{GK}$$

Der Gewinn vor Steuern vor allem deswegen, weil bei einem Einzelunternehmen der persönliche Einkommensteuersatz erst ermittelt werden kann, wenn man das zu versteuernde Einkommen des Einzelunternehmers errechnet hat. Erst dann weiß man, mit welchem Einkommensteuersatz die im Gesamtbetrag der Einkünfte enthaltenen Einkünfte aus Gewerbebetrieb (= Gewinn vor Steuern) mit Einkommensteuern belastet sind. Dasselbe gilt für Personengesellschaften.

Will man den ROI für Einzelunternehmen oder Personengesellschaften korrekt ermitteln und möglicherweise mit dem ROI von Kapitalgesellschaften vergleichen, muss der Gewinn vor Steuern um einen kalkulatorischen Unternehmerlohn für den Inhaber oder die mitarbeitenden Personengesellschafter gekürzt werden. Während das Gehalt eines GmbH-Geschäftsführers (auch Gesellschafter-Geschäftsführers) bei der Kapitalgesellschaft als Personalaufwand abgesetzt werden kann, ist für den Inhaber eines Einzelunternehmens kein Gehalt abzugsfähig, sondern in dem erzielten Gewinn mit abgegolten. Das kalkulatorische Gehalt entspricht demjenigen eines fremdbeschäftigten Geschäftsführers, der an Stelle des Inhabers die Geschäfte führt. Das kalkulatorische Gehalt kann den Gehaltsstrukturuntersuchungen für GmbH-Geschäftsführer entnommen werden, wie sie zum Beispiel von Unternehmensberatungsgesellschaf-

Die relevanten Kennzahlen für das Kreditrating

ten durchgeführt werden (Kienbaum, BBE Köln). Man erhält dann einen kalkulatorischen Gewinn vor Steuern, der sich mit dem Gewinn vor Steuern (in der Regel G&V-Position 14 „Ergebnis der gewöhnlichen Geschäftstätigkeit") bei der GmbH vergleichen lässt.

Beispiel:

Ein Einzelunternehmen weist in seinem Jahresabschluss zum 31.12.01 folgende Zahlen aus:

Umsatz	6 000 000 EUR
Gesamtkapital (= durchschnittliche Bilanzsumme)	1 500 000 EUR
Gewinn vor Steuern	230 000 EUR
Kalkulatorischer Unternehmerlohn	100 000 EUR
Fremdkapitalzinsen	20 000 EUR

Für dieses Einzelunternehmen errechnet sich der ROI_{GK} wie folgt:

$$\frac{150\,000 \times 100}{6\,000\,000} \times \frac{6\,000\,000}{1\,500\,000} = 10\,\%\ ROI_{GK}$$

Umsatzrendite × Kapitalumschlag = ROI_{GK}

2,5 % × 4 = 10 % (Gesamtkapitalverzinsung)

Der erste Faktor des Produkts, die Umsatzrendite, weist im Zähler einen Wert von 150 000 EUR aus. Dieser Wert entspricht dem kalkulatorischen Gewinn zuzüglich den Fremdkapitalzinsen:

Gewinn vor Steuern		230 000 EUR
kalkulatorischer Unternehmerlohn	−	100 000 EUR
Fremdkapitalzinsen	+	20 000 EUR
kalkulatorischer Gewinn + Fremdkapitalzinsen	=	150 000 EUR

Der Gewinn vor Steuern wurde durch die Fremdkapitalzinsen, die Aufwendungen (Kosten) darstellen, zu Recht gemindert. Wegen dieser Gewinnminderung müssen die Fremdkapitalzin-

Optimierung der Jahresabschlusskennzahlen

sen in Höhe von 20 000 EUR dem kalkulatorischen Gewinn wieder hinzuaddiert werden, da der ROI$_{GK}$ auf der Basis des Gesamtkapitals, d.h. des Eigen- und Fremdkapitals ermittelt werden soll. Die bei der Gewinnermittlung abgesetzten Fremdkapitalzinsen mussten von dem Unternehmen ebenfalls erwirtschaftet werden, auch wenn sie anschließend an die Bank überwiesen wurden. Der ROI$_{GK}$ kann daher nur dann zutreffend ermittelt werden, wenn der kalkulatorische Gewinn um die Fremdkapitalzinsen in Höhe von 20 000 EUR erhöht wird.

Insgesamt wurde von dem Beispielsunternehmen ein ROI$_{GK}$ in Höhe von 10 % erzielt, d.h., dass das Gesamtkapital (= Eigen- und Fremdkapital) mit 10 % verzinst wurde. Eine solche Gesamtkapitalverzinsung reicht nicht aus. Die unbefriedigende Gesamtkapitalverzinsung ist in dem Beispiel auf die unzureichende Umsatzrendite von nur 2,5 % gegenüber dem Branchendurchschnitt von 5 % zurückzuführen.

Praxis-Tipp:

Die Banken erwarten als ROI$_{GK}$ einen Kennzahlenwert von mindestens 15 %. Liegt der ROI$_{GK}$ niedriger, kann im Rahmen des BIR eine Bonitätseinstufung, die zum Beispiel einem AAA entsprechen würde, niemals erreicht werden. Jedes Unternehmen sollte daher als Zielwert einen ROI$_{GK}$ von mindestens 15 % anpeilen.

ROI (Eigenkapital) für Einzelunternehmen und Personengesellschaften

$$\frac{\text{Gewinn vor Steuern} \times 100}{\text{Gesamtleistung oder Umsatzerlöse}} \times \frac{\text{Gesamtleistung oder Umsatzerlöse}}{\text{Eigenkapital}} = \text{ROI}_{EK}$$

Auch bei dieser Kennzahl ist die Berechnungsmethode die gleiche wie bei den Kapitalgesellschaften. Lediglich bei dem ersten Faktor

Die relevanten Kennzahlen für das Kreditrating

des Produkts Umsatzrendite ist im Zähler der Gewinn vor Steuern an Stelle des Jahresüberschusses einzusetzen. Bei dem zweiten Faktor Kapitalumschlag ist im Nenner nur das Eigenkapital aufzuführen.

Das Unternehmen sollte seinen ROI jährlich sowohl für das Gesamtkapital als auch für das Eigenkapital ermitteln und dessen Entwicklung, wenn möglich, auch im Vergleich zum Branchendurchschnitt verfolgen. Dies kann zum Beispiel auch grafisch geschehen, wie die folgende Abbildung zeigt:

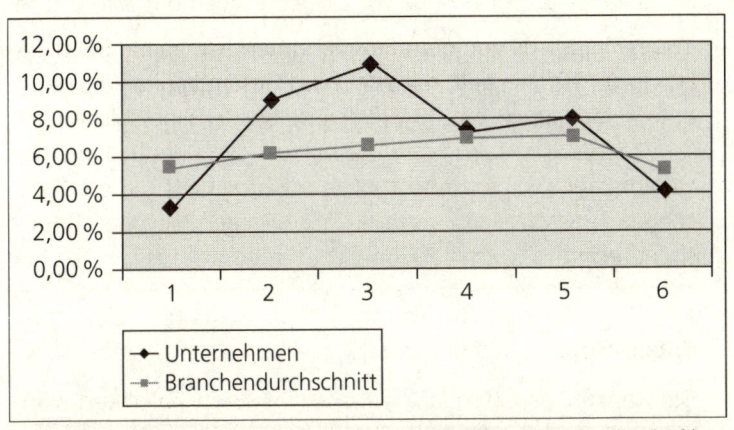

Entwicklung des ROI_{GK} Periode 1-6 (inner- und zwischenbetrieblicher Vergleich)

Eine Optimierung des ROI_{GK} kann das Unternehmen nur erreichen, wenn den Ursachen einer Verschlechterung auf den Grund gegangen wird. Ist eine Verschlechterung des Kennzahlenwertes auf eine Verschlechterung der Ertragslage (Umsatzrendite) oder auf eine Verschlechterung des Kapitalumschlags (wo ist das Kapital gebunden, im Anlage- oder Umlaufvermögen?) zurückzuführen? Wie kann einer Verschlechterung des ROI_{GK} gegengesteuert werden?

Betriebsergebnis (operativer Gewinn, EBIT)

Das Betriebsergebnis wird der Gewinn- und Verlustrechnung nach der G&V-Position 8 als Zwischensumme entnommen. Dieses Betriebsergebnis enthält auch die G&V-Position 4 „Sonstige betrieb-

Optimierung der Jahresabschlusskennzahlen

liche Erträge". Für die Darstellung der Ertragslage wird das Betriebsergebnis zu dem erzielten Jahresumsatz bzw. der erzielten Gesamtleistung in Beziehung gesetzt:

$$\frac{\text{Betriebsergebnis (operativer Gewinn)}}{\text{Gesamtleistung oder Umsatz}} \times 100 = \text{Umsatzrendite}$$

Das Betriebsergebnis entspricht dem so genannten EBIT (= Earnings before Interest and Taxes), d.h. dem erwirtschafteten Gewinn vor Zinsaufwendungen (G&V-Position 13) und Steuern (Position 18). Dieser operative Gewinn wird von den Banken als Maßstab für die Qualität des Managements betrachtet. Er drückt aus, wie erfolgreich das Management die Produktionsfaktoren (Leistungsfaktoren) Personal, Betriebsmittel und Werkstoffe miteinander kombiniert hat.

> **Praxis-Tipp:**
>
> Das Unternehmen sollte als normale Umsatzrendite (EBIT), die zu einem guten Ratingergebnis beiträgt, branchenübergreifend möglichst 5 % erreichen (Ausnahme: bestimmte Branchen wie der Lebensmitteleinzelhandel). Liegt die Umsatzrendite (EBIT) unter 5 %, sollten die Gründe aufgelistet werden, die zu diesem negativ abweichenden Betriebsergebnis geführt haben.

Betriebsergebnis (EBITDA)

Das Betriebsergebnis wird für das BIR auch in der Weise ermittelt, dass die Abschreibungen (G&V-Position 7) aus dem operativen Gewinn herausgenommen, d.h., bei der Ergebnisermittlung abgezogen werden:

$$\frac{\text{(Betriebsergebnis (EBIT) – Abschreibungen)}}{\text{Gesamtleistung oder Umsatz}} \times 100 = \text{Umsatzrendite}$$

Die relevanten Kennzahlen für das Kreditrating

Diese Berechnung der Umsatzrendite des so genannten EBITDA (= Earnings before Interest, Taxes, Depreciation, Amortisation) ist für die Bank deswegen aufschlussreich, weil die Abschreibungen einerseits aus bilanzpolitischen Gründen überhöht sein können und andererseits zu keinen Mittelabflüssen führen, die die Tilgungsleistung des Unternehmens schmälern.

Jahresüberschuss (Gewinn nach Steuern vor Gewinnverwendung)

Schließlich wird die Umsatzrendite auch mit dem Jahresüberschuss, d.h. dem versteuerten Gewinn vor Gewinnverwendung, ermittelt:

$$\frac{\text{Jahresüberschuss}}{\text{Gesamtleistung oder Umsatz}} \times 100 = \text{Umsatzrendite}$$

Die so ermittelte Umsatzrendite ist für die Bank ein guter Maßstab, um die nachhaltige Ertragskraft eines Unternehmens beurteilen zu können. Aus diesem versteuerten Gewinn lässt sich, wenn er nicht ausgeschüttet wird, Eigenkapital in Form von Rücklagen bilden (Selbstfinanzierung).

Weist das Unternehmen bei dieser Umsatzrendite in der Vergangenheit eine kontinuierliche Aufwärtsentwicklung aus und werden verstärkt offene Rücklagen gebildet, kann die Bank auch für die Zukunft davon ausgehen, dass die Geschäftsleitung bemüht ist, Eigenkapital aus dem versteuerten Gewinn zu bilden.

Rohertragsquote

Die Rohertragsquote ist für die Beurteilung der Ertragssituation im Rahmen des BIR von zentraler Bedeutung. Sie ist aus der Gewinn- und Verlustrechnung unter Ausklammerung der G&V-Position 4 „Sonstige betriebliche Erträge" wie folgt als Zwischensumme zu ermitteln (siehe nächste Seite):

Optimierung der Jahresabschlusskennzahlen

Ermittlung des Rohertrags

    Umsatzerlöse (1)
+/− Bestandsveränderungen (2)
+   andere aktivierte Eigenleistungen (3)
=   Gesamtleistung
−   Materialaufwand (5)
    a) Aufwendungen für Roh-, Hilfs- und Betriebsstoffe
    b) Aufwendungen für bezogene Leistungen
=   Rohertrag

Dieser Rohertrag wird von Herstellerbetrieben in Prozent der Gesamtleistung und von Handelsbetrieben in Prozent der Umsatzerlöse ausgedrückt. Man spricht dann von der Rohertragsquote (Herstellerbetriebe) oder von der Betriebshandelsspanne (Handelsbetriebe).

Die Gesamtleistung, die die ersten drei G&V-Positionen umfasst, zeigt, was das Unternehmen in dem abgelaufenen Geschäftsjahr erwirtschaftet hat. Von dieser Gesamtleistung wird die G&V-Position 5 „Materialaufwand" abgesetzt. Der Materialaufwand umfasst alles, was das Unternehmen von Dritten an Rohstoffen, Waren, Fremdleistungen (Ausnahme: Personalleasing) bezogen hat. Die Differenz, d.h. der Rohertrag, entspricht der Wertschöpfung eines Unternehmens. Die Rohertragsquote ist daher zugleich die Wertschöpfungsquote.

Die G&V-Position 4 „Sonstige betriebliche Erträge" wird bei der Ermittlung der Rohertragsquote ausgeklammert, da die in dieser Position enthaltenen Beträge (zum Beispiel Gewinne aus Anlagenverkäufen) nicht unmittelbar mit dem Betriebszweck (Kerngeschäft) zu tun haben und daher den Rohertrag (Rohertragsquote) des Unternehmens unzulässigerweise erhöhen würden.

Die relevanten Kennzahlen für das Kreditrating

> **Praxis-Tipp:**
>
> Da in den meisten Gewinn- und Verlustrechnungen der Rohertrag (Rohertragsquote) die sonstigen betrieblichen Erträge mit umfasst, sollte der Bank für ihr BIR die Rohertragsquote zusätzlich in der Form wie vorstehend dargestellt, d.h. ohne die Position 4 „Sonstige betriebliche Erträge" präsentiert werden.

Wenn die Rohertragsquote absinkt, d.h. wenn die Wertschöpfung zurückgeht, kann dies zu einer Verschlechterung des Ratingergebnisses führen. Es ist zu bedenken, dass die Rohertragsquote sämtliche Aufwendungen tragen muss, damit ein ausgeglichenes Ergebnis erreicht werden kann. Wenn ein Unternehmen bei den Aufwendungen sein Kosteneinsparpotenzial bereits ausgeschöpft hat, führt ein Absinken der Rohertragsquote (Wertschöpfungsquote) – und seien es nur Zehntel Prozentpunkte – unweigerlich zu einer Verschlechterung des Betriebsergebnisses und des Jahresüberschusses.

Die Rohertragsquote wird durch das so genannte Outsourcing beeinflusst. Wenn zum Beispiel ein Bauindustrieunternehmen Subunternehmer beschäftigt, erhöht sich der Materialaufwand (Aufwendungen für bezogene Leistungen) in der G&V-Position 5 um diejenigen Beträge, die an den Subunternehmer entrichtet werden müssen. Dadurch verringert sich die Rohertragsquote. Die Bank muss allerdings berücksichtigen, dass sich durch die Einschaltung eines Subunternehmers (Outsourcing) Einsparungen bei den Aufwendungen ergeben, die in der Regel höher sind – oder zumindest sein sollten – als die Leistungen an den Subunternehmer.

Nur wenn das Unternehmen die Outsourcingmaßnahmen offen legt und quantifiziert, ist auch ein Branchenvergleich möglich. Immerhin wird von vielen Unternehmen in zunehmendem Maße von Outsourcing Gebrauch gemacht. So hat sich zum Beispiel die Rohertragsquote in der Bauindustrie durch Outsourcing von 51,8 % im

Optimierung der Jahresabschlusskennzahlen

Jahre 1991 auf 45,4 % im Jahre 2000, also um 6,4 Prozentpunkte verringert.

> **Praxis-Tipp:**
>
> Das Unternehmen sollte die Bank darüber informieren, für welche Leistungen und in welchem Umfang es im abgelaufenen Geschäftsjahr von Outsourcing Gebrauch gemacht hat. Nur so kann das Unternehmen sicher sein, dass die Bank die erreichte Rohertragsquote (Wertschöpfungsquote) zutreffend beurteilen kann.

Personalaufwandsquote

Es wurde bereits darauf hingewiesen, dass für zahlreiche Unternehmen die Personalkosten den größten Kostenfaktor darstellen, der nach Rationalisierung geradezu schreit. Die Personalkosten sind eine Einbahnstraße nach oben. Will ein Unternehmen wettbewerbsfähig bleiben, muss es seine Personalkosten im Griff haben.

Die Kennzahl Personalaufwandsquote errechnet sich wie folgt:

$$\frac{\text{Personalaufwendungen}}{\text{Gesamtleistung oder Umsatzerlöse}} \times 100 = \text{Personalaufwandsquote}$$

Die Personalaufwendungen, die in der G&V-Position 6 enthalten sind, umfassen neben den Löhnen und Gehältern auch die gesetzlichen, tariflichen und freiwilligen Personalzusatzkosten. Diese belaufen sich gegenwärtig in den alten Bundesländern auf 81,2 % und in den neuen Bundesländern auf 68,5 % des Arbeitsentgelts.

Macht ein Unternehmen von Personalleasing Gebrauch, sind diese Leasingaufwendungen ebenfalls unter den Personalaufwendun-

Die relevanten Kennzahlen für das Kreditrating

gen (6) und nicht unter der G&V-Position 5 „Materialaufwand" zu erfassen, da nur so die Kennzahl Personalaufwandsquote korrekt errechnet werden kann.

> **Praxis-Tipp:**
>
> Das Unternehmen sollte die Personalaufwandsquote sowohl im innerbetrieblichen Zeitvergleich als auch im zwischenbetrieblichen Soll-Ist-Vergleich über den betrachteten Vergangenheitszeitraum fortschreiben. Ebenso sollte die Personalaufwandsquote als Planwert ermittelt werden. Verschlechterungen dieses Kennzahlenwertes erfordern sofortige Gegenmaßnahmen des Managements, da sonst die Ertragssituation des Unternehmens aus dem Ruder laufen kann.

Die Kennzahl Personalaufwandsquote sollte der Bank in Verbindung mit der Kennzahl Personalproduktivität (Umsatz je vollzeitbeschäftigte Person) präsentiert werden. Aus der Kombination dieser beiden Kennzahlen ergeben sich für die Bank Rückschlüsse auf den Rationalisierungsgrad des Unternehmens. Dabei wird die Personalaufwandsquote auch häufig in Kombination mit der Abschreibungsquote interpretiert, da sich auf diese Art und Weise erkennen lässt, inwieweit das Management seine Kombinationsaufgabe in Bezug auf die Produktionsfaktoren Personal und Betriebsmittel erfolgreich erfüllt hat.

Zinsaufwandsquote

Eine weitere wichtige Ratingkomponente stellt die Zinsaufwandsquote dar, die wie folgt errechnet wird:

$$\frac{\text{Zinsaufwendungen (G\&V-Position 13)}}{\text{Gesamtleistung oder Umsatzerlöse}} \times 100 = \text{Zinsaufwandsquote}$$

Optimierung der Jahresabschlusskennzahlen

Eine Erhöhung der Zinsaufwandsquote verschlechtert das Finanzergebnis und reduziert damit das Betriebsergebnis (operativer Gewinn). Es kann durchaus passieren, dass ein positives Betriebsergebnis durch ein negatives Finanzergebnis (hohe Zinsaufwandsquote) ebenfalls negativ wird.

Für das Unternehmen ergibt sich in diesem Fall in Bezug auf das BIR die Gefahr, dass der Bankkredit gekündigt wird und es einen Abwicklungsfall darstellt. Hier wäre ein dringender Handlungsbedarf gegeben. Das Unternehmen müsste zum Beispiel versuchen, frisches Eigenkapital durch Aufnahme eines neuen Gesellschafters zu beschaffen.

Praxis-Tipp:
Das Unternehmen sollte die Kennzahl „Zinsaufwandsquote" in ihrer zeitlichen Entwicklung verfolgen und, wenn möglich, mit eventuell vorhandenen Branchendurchschnittswerten vergleichen. Dabei sollte permanent geprüft werden, ob beispielsweise über eine Verbesserung der Finanzstruktur des Unternehmens wie die Verringerung des kurzfristigen Fremdkapitals die Zinsaufwandsquote verringert werden kann.

Mietaufwandsquote

Diese Ratingkomponente ist im Rahmen des BIR vor allem für Einzelhandelsbetriebe und bestimmte Dienstleistungsbetriebe von Bedeutung. Die Kennzahl wird wie folgt errechnet:

$$\frac{\text{Mietaufwendungen}}{\text{Umsatzerlöse}} \times 100 = \text{Mietaufwandsquote}$$

Die Zählergröße umfasst entweder die effektiv gezahlte Miete oder für den Fall, dass das Unternehmen Eigentümerin des Miet-

Die relevanten Kennzahlen für das Kreditrating

objektes ist, eine kalkulatorische Miete, die in der Regel aus einem zwischenbetrieblichen Vergleich abgeleitet wird. So enthält zum Beispiel der Betriebsvergleich des Instituts für Handelsforschung an der Universität zu Köln (IHF) für zehn verschiedene Standortkategorien die Mietaufwandsquoten von Einzelhandelsbetrieben aus 43 Fachhandelsbranchen, die sich im Eigentum der Unternehmen befinden, als kalkulatorische Mieten. Diese kalkulatorische Mietaufwandsquote wird an Stelle der Grundstücksaufwendungen in der Gewinn- und Verlustrechnung angesetzt, die nur die Gebäudeabschreibungen, die Grundsteuer und sonstige Kosten enthält, die keinesfalls die Marktmiete widerspiegeln.

Mietaufwendungen sind im Einzelhandel nach den Warenkosten und den Personalkosten der drittgrößte Kostenfaktor. Das Unternehmen sollte mit diesem Kennzahlenwert möglichst nicht über den Branchendurchschnittswerten liegen, die sich aus den Betriebsvergleichen des Einzelhandels ergeben.

Bei den relativ geringen Umsatzrenditen, die im Einzelhandel erwirtschaftet werden, kann eine überdurchschnittliche Mietaufwandsquote das Unternehmen so stark belasten, dass kein ausreichendes Betriebsergebnis mehr erzielt werden kann.

> **Praxis-Tipp:**
>
> Ein Einzelhandelsunternehmen sollte seine Bank für das BIR über die Mieten pro Quadratmeter von Vergleichsbetrieben an vergleichbaren Standorten informieren. Außerdem sollte auf geplante steigende Umsätze hingewiesen werden, die eine überdurchschnittliche Mietaufwandsquote verringern.

Die Schwierigkeiten, denen sich ein Kreditberater gegenübersieht, wenn er eine auf den ersten Blick einfache Kennzahl wie die Mietaufwandsquote interpretieren muss, zeigt folgendes Beispiel:

Optimierung der Jahresabschlusskennzahlen

Beispiel:

Ein Einzelhandelsunternehmen, das seinen Standort in einem Shopping-Center hat, liegt mit 5 % Mietaufwandsquote um einen Prozentpunkt höher als der Branchendurchschnitt (4 %). Der Kreditberater muss die Kennzahl Mietaufwandsquote im Zusammenhang mit den Kosten für Werbung sehen. Da ein Shopping-Center von vornherein für eine hohe Kundenfrequenz sorgt, kann das Unternehmen seine Kosten für Werbung niedrig halten. Die ersparten Kosten für Werbung ermöglichen es dem Unternehmen, eine über dem Branchendurchschnitt liegende Mietaufwandsquote wirtschaftlich zu verkraften (1 % weniger Werbeaufwand kompensiert 5 % Mietaufwandsquote statt branchenübliche 4 %).

Kennzahlen zur Vermögens- und Kapitalstruktur

Zur Beurteilung der Vermögens- und Kapitalstruktur ziehen die Banken bei ihrem BIR vor allem folgende Kennzahlen heran:

- Kapitalumschlag, Gesamtvermögensumschlag
- Eigenkapitalquote
- Fremdkapitalquote (Fremdkapitalstruktur)
- Lagerumschlag
- Lagerdauer
- Umschlagsdauer der Forderungen

Kapitalumschlag

Die Kennzahl „Kapitalumschlag" zeigt an, wie oft das Gesamtkapital und/oder Eigenkapital im Umsatz bzw. in der Gesamtleistung eines Unternehmens innerhalb eines Geschäftsjahres erwirtschaf-

Die relevanten Kennzahlen für das Kreditrating

tet (hereingeholt) wird. Eine Verbesserung dieses Kennzahlenwertes erhöht die Gesamtkapitalverzinsung (ROI$_{GK}$) bzw. die Eigenkapitalverzinsung (ROI$_{EK}$).

> **Beispiel:**
>
> Umsatzrendite x Kapitalumschlag = ROI$_{GK}$
>
> 5 % x 2 = 10 %
>
> 5 % x 4 = 20 %
>
> Dem Unternehmen ist es gelungen, den Kapitalumschlag für das Gesamtkapital in einem bestimmten Geschäftsjahr im Vergleich zum Vorjahr zu verdoppeln. Dadurch erhöht sich die Gesamtkapitalverzinsung in dem Beispiel von 10 auf 20 %. Dies zeigt den großen Einfluss, den der Kapitalumschlag auf die Verzinsung des eingesetzten Kapitals ausübt.

Eine Beschleunigung des Kapitalumschlags resultiert aus der Verringerung der Kapitalbindung im Anlage- und/oder Umlaufvermögen. Eine Verbesserung des Kennzahlenwertes „Kapitalumschlag" ist daher für das BIR aus zwei Gründen von erheblicher Bedeutung:

- Erhöht sich der Kapitalumschlag, verringert sich die Kapitalbindung in mehr oder minder risikobehafteten Anlage- oder Umlaufgütern.
- Durch eine Erhöhung des Kapitalumschlags wird die Gesamt- und/oder Eigenkapitalverzinsung erhöht.

Die Kennzahlen zur Charakterisierung des Kapitalumschlags sind der Gesamtkapitalumschlag und der Eigenkapitalumschlag:

$$\frac{\text{Gesamtleistung oder Umsatzerlöse}}{\text{Gesamtkapital (= Eigen- und Fremdkapital)}} = \text{Gesamtkapitalumschlag}$$

Als Gesamtkapital gilt die durchschnittliche Bilanzsumme = (Bilanzsumme am 01.01. + Bilanzsumme am 31.12.) : 2

Optimierung der Jahresabschlusskennzahlen

$$\frac{\text{Gesamtleistung oder Umsatzerlöse}}{\text{Eigenkapital}} = \text{Eigenkapitalumschlag}$$

Durchschnittlich eingesetztes Eigenkapital = (Eigenkapital am 01.01. + Eigenkapital am 31.12.) : 2

Praxis-Tipp:

Das Unternehmen sollte auch die Kennzahlen Gesamtkapitalumschlag und Eigenkapitalumschlag jährlich ermitteln und fortschreiben, sodass eine Verbesserung oder Verschlechterung dieser Kennzahlenwerte festgestellt werden kann.

Der Gesamtkapitalumschlag entspricht exakt dem Gesamtvermögensumschlag, da die Bilanzsumme auf der Aktivseite mit der Bilanzsumme auf der Passivseite identisch ist.

$$\frac{\text{Gesamtleistung oder Umsatzerlöse}}{\text{Gesamtvermögen (= Anlage- und Umlaufvermögen)}} = \text{Gesamtvermögensumschlag}$$

Durchschnittlich eingesetztes Gesamtvermögen (Aktivseite am 01.01. + Aktivseite am 31.12.) : 2.

Praxis-Tipp:

Um den Kapitalumschlag bzw. Gesamtvermögensumschlag beschleunigen zu können, müssen diese Globalkennzahlen in Teilkennzahlen aufgespaltet werden. Solche Teilkennzahlen sind beispielsweise:

- Lagerumschlag bzw. Lagerdauer (Rohstofflager, Lager für Fertigerzeugnisse/unfertige Erzeugnisse).
- Debitorenumschlag bzw. Umschlagsdauer der Forderungen aus Lieferungen und Leistungen.

Die relevanten Kennzahlen für das Kreditrating

Eigenkapitalquote

Die Eigenkapitalquote stellt die wichtigste Ratingkomponente dar, die innerhalb des Gesamtgewichts der harten Faktoren (= Kennzahlenwerte aufgrund der Jahresabschlussanalyse) von 60 % allein 15 % ausmacht. Dies zeigt, wie zentral dieser Kennzahlenwert für die Ratingsysteme aller Banken ist. Die Kennzahl „Eigenkapitalquote" dient den Banken vor allem für eine Insolvenzprognose. Dieser Kennzahlenwert ermöglicht eine Frühwarnung bzw. eine Früherkennung von eventuell notleidend werdenden Krediten.

Die Kennzahl „Eigenkapitalquote" lässt sich leicht errechnen. Es bereitet jedoch erhebliche Schwierigkeiten, die Zählergröße „Eigenkapital" richtig zu erfassen und abzugrenzen. Die Kennzahl errechnet sich wie folgt:

$$\frac{\text{Eigenkapital}}{\text{Gesamtkapital}} \times 100 = \text{Eigenkapitalquote}$$

Unter der Nennergröße „Gesamtkapital" versteht man die Bilanzsumme auf der Passivseite der Bilanz am Bilanzstichtag.

Bei einem Einzelunternehmen ergibt sich das nominelle Eigenkapital aus dem Kapitalkonto des Inhabers.

Bei den Personalgesellschaften beinhalten die Kapitalkonten der Gesellschafter das nominelle Eigenkapital. Dabei wird in der Regel zwischen festen und beweglichen Kapitalkonten unterschieden. Auf den festen Kapitalkonten werden die festgelegten Kapitalanteile der Gesellschafter verbucht. Sie sind der gesetzliche Maßstab für die Beteiligung der Gesellschafter am Gesellschaftsvermögen. Auf den beweglichen Kapitalkonten (häufig als Kapitalkonto II bezeichnet) wird der jährliche Gewinnanteil dem Kapitalkonto gutgeschrieben, während die Entnahmen der Gesellschafter sowie ein eventueller Verlust dem Kapitalkonto des jeweiligen Gesellschafters belastet werden. Dadurch wechselt zwangsläufig der Saldo auf den Kapitalkonten der einzelnen Gesellschafter, d.h., die Kapi-

Optimierung der Jahresabschlusskennzahlen

talkonten sind beweglich. Das Kapitalkonto eines Gesellschafters kann durch Verlustanteile und/oder Entnahmen auch zum negativen Kapitalkonto werden. Das negative Kapitalkonto ist in einem solchen Fall als Unterbilanzkonto auf der Aktivseite der Bilanz auszuweisen.

Bei einer GmbH ergibt sich das bilanzielle Eigenkapital wie folgt:

	Gezeichnetes Kapital
−	nicht eingeforderte Einlagen
+	Kapitalrücklage
+	Gewinnrücklagen
+	Gewinnvortrag (− Jahresfehlbetrag)
+	Eigenkapitalanteil eines Sonderpostens mit Rücklageanteil (SOPO)
−	Ausschüttung
=	bilanzielles Eigenkapital

Bei dem SOPO handelt es sich um stille Reserven, die aufgrund steuerlicher Gesetze gebildet wurden. Werden sie aufgelöst, sind die Körperschaftsteuer (25 %) und die Gewerbeertragsteuer (ca. 13,5 %) fällig. Der Steueranteil von 38,5 % gilt als Fremdkapital, die verbleibenden 61,5 % erhöhen das Eigenkapital.

Das Eigenkapital ist nicht vollständig ausgewiesen, wenn die von dem Unternehmen gebildeten stillen Reserven unberücksichtigt bleiben. Stille Reserven finden sich unter Umständen

- im Anlagevermögen (zum Beispiel zu niedrige Buchwertansätze bei bilanzierten Grundstücken, überhöhte Abschreibungen auf das Sachanlage- und/oder Finanzanlagevermögen);

- im Umlaufvermögen (zum Beispiel zu niedrig bewertete Vorräte);

- auf der Passivseite der Bilanz (zum Beispiel überhöht angesetzte Rückstellungen).

Die relevanten Kennzahlen für das Kreditrating

Diese stillen Reserven sind aufzulösen und nach Abzug der Steuern (Körperschaftsteuer, Gewerbeertragsteuer) dem Eigenkapital hinzuzurechnen.

> **Praxis-Tipp:**
>
> Der Unternehmer weiß, an welcher Stelle er im abgelaufenen Wirtschaftsjahr in der Steuerbilanz stille Reserven gebildet hat, um die Steuerlast zu verringern. Er sollte daher der Bank für das BIR unbedingt zusätzliche Informationen über die gebildeten stillen Reserven liefern, damit die Eigenkapitalquote zutreffend errechnet werden kann. Die meisten von den Banken eingesetzten Ratingsysteme sind so angelegt, dass die Eigenkapitalquote unter Berücksichtigung der aufgedeckten stillen Reserven gebildet wird.

Dem Eigenkapital werden auch noch so genannte eigenkapitalersetzende Gesellschafterdarlehen hinzugerechnet. Ob ein Gesellschafterdarlehen als Eigenkapital gilt, muss im Einzelfall geprüft werden. Kriterien für das Vorliegen eines Gesellschafterdarlehens (Fremdkapital) oder von Eigenkapital sind nach der Rechtsprechung des Bundesfinanzhofs zum Beispiel Laufzeit, Zinssatz, pünktliche Überweisung der Zinsen.

Besteht eine typische stille Gesellschaft, ist der Anteil des stillen Gesellschafters auf der Passivseite der Bilanz unter der Position „Sonstige Verbindlichkeiten" auszuweisen. Ist in dem Gesellschaftsvertrag mit dem stillen Gesellschafter vereinbart, dass dieser im Insolvenzfall hinter die Forderungen der übrigen Gläubiger zurücktritt, wird der Anteil des stillen Gesellschafters zum Eigenkapital gerechnet. Selbstverständlich muss in einem solchen Fall der Bank der Gesellschaftsvertrag mit dem stillen Gesellschafter vorgelegt werden.

Die Banken rechnen zum Eigenkapital eines Unternehmens auch die Pensionsrückstellungen.

Optimierung der Jahresabschlusskennzahlen

Zusammenfassend lässt sich das wirtschaftliche Eigenkapital einer GmbH wie folgt darstellen:

Gezeichnetes Kapital
− nicht eingeforderte Einlagen
+ Kapitalrücklage
+ Gewinnrücklagen
+ Gewinnvortrag (− Jahresfehlbetrag)
+ Eigenkapitalanteil eines SOPO
− Ausschüttung
= bilanzielles Eigenkapital
+ aufgelöste stille Reserven (abzüglich Steuern)
+ eigenkapitalersetzende Gesellschafterdarlehen
+ Pensionsrückstellungen
= wirtschaftliches Eigenkapital

Das wirtschaftliche Eigenkapital bildet die Zählergröße bei der Ermittlung der Eigenkapitalquote.

> **Praxis-Tipp:**
>
> Der Unternehmer sollte der Bank für deren BIR die Kennzahl „Eigenkapitalquote" unter Verwendung des vorstehend dargestellten wirtschaftlichen Eigenkapitals präsentieren. Auf diese Art und Weise kann er überprüfen, ob seine Bank die von ihm vorgenommene Ermittlung des Eigenkapitals akzeptiert.

Nach den vorliegenden Berechnungen der Deutschen Bundesbank beträgt die Eigenkapitalquote in Deutschland im Durchschnitt 17,9 %, mit folgenden Unterschieden:

- Kapitalgesellschaften: 24,3 %
- Personengesellschaften: 11,4 %

Die relevanten Kennzahlen für das Kreditrating

- Einzelunternehmen: bilanzielle Überschuldung
- Bau: 5,9 %/Einzelhandel: 3,2 %
- Verkehr/Großhandel: 15,0 %
- verarbeitendes Gewerbe: 23,7 %

Praxis-Tipp:
Die Banken erwarten für die Kennzahl „Eigenkapitalquote" als wichtigste Ratingkomponente einen Kennzahlenwert von über 30 % als Optimalwert eines Unternehmens.

Um bei dem BIR günstig abzuschneiden, muss jedes Unternehmen große Anstrengungen unternehmen, um für seine Eigenkapitalquote diesen Zielwert von über 30 % zu erreichen.

Um seine Eigenkapitalquote zu verbessern, kann ein Unternehmen unter anderem folgende Maßnahmen ergreifen:

Das Unternehmen kann die Ausschüttungen der laufend erzielten Jahresüberschüsse (Gewinne nach Steuern vor Gewinnverwendung) verringern und dafür die Rücklagen erhöhen, also die Eigenkapitalquote durch Selbstfinanzierung verbessern. Eine solche Entscheidung, weniger auszuschütten und dafür die Rücklagen zu erhöhen, wurde durch den Gesetzgeber erleichtert, der den Körperschaftsteuersatz auch für die thesaurierten Gewinne auf 25 % reduziert hat. Die steuerliche Belastung für eine GmbH liegt damit für die Körperschaftsteuer und die Gewerbeertragsteuer bei insgesamt ca. 38,5 %. Überschreitet der persönliche Einkommensteuersatz des Gesellschafters keine 40 %, ist es nach dem geltenden Halbeinkünfteverfahren im Vergleich zu dem vorher geltenden Anrechnungsverfahren günstiger, die Gewinne nicht auszuschütten, sondern in die Rücklagen zur Eigenkapitalstärkung einzustellen. Man spricht in diesem Zusammenhang von einem Lock-in-Effekt (Einsperreffekt).

Optimierung der Jahresabschlusskennzahlen

Das Unternehmen kann nicht betriebsnotwendige Anlagegüter vor allem in solchen Geschäftsjahren veräußern, in denen eventuell ein Verlust entsteht. Wird bei einer solchen Veräußerung ein Gewinn erzielt, kann dieser durch Verlustverrechnung zumindest mit 50 % der Besteuerung (vorausgesetzt, die Steuerpläne von Rot-Grün werden verwirklicht, sonst 100 %) entzogen werden. Werden in einem Geschäftsjahr nur geringe Gewinne erzielt, lässt sich durch die Veräußerung von nicht betriebsnotwendigen Anlagegütern, in denen stille Reserven enthalten sind, die Ertragslage tendenziell positiver darstellen und die Eigenkapitalquote verbessern, vorausgesetzt, die stillen Reserven (abzüglich Steuern) werden nicht ausgeschüttet, sondern thesauriert.

Das Unternehmen kann atypische stille Gesellschafter in ihre GmbH aufnehmen. In diesem Fall wird der Gesellschaft frisches Eigenkapital im Wege der Außenfinanzierung zugeführt.

Das Unternehmen kann mit einer Kapitalbeteiligungsgesellschaft eine Kapitalbeteiligung vereinbaren. Auch in diesem Fall wird der Gesellschaft Eigenkapital von außen zugeführt. Kapitalbeteiligungsgesellschaften sind Unternehmen, deren Geschäftszweck darin besteht, kleinen und mittleren Unternehmen, die keinen Zugang zum organisierten Kapitalmarkt haben, zusätzliches Eigenkapital in Form von Beteiligungen (zum Beispiel stille Beteiligung oder Beteiligung als Kommanditist) zur Verfügung zu stellen. Die Beteiligungen werden in der Regel auf acht bis zehn, zum Teil bis zu 15 Jahre eingegangen. Solche Kapitalbeteiligungsgesellschaften können entweder staatlich gefördert oder reine Privatgründungen wie private Venture-Capital-Gesellschaften sein. Mit staatlicher Hilfe gegründete Kapitalbeteiligungsgesellschaften existieren in sämtlichen Bundesländern. Insgesamt bestehen in Deutschland 150 Kapitalbeteiligungsgesellschaften. Die Kapitalbeteiligungsgesellschaften beteiligen sich an mittelständischen Unternehmen, ohne diese beherrschen zu wollen. Ihr Anteil am Gesellschaftskapital liegt daher regelmäßig unter 50 %. Zur Sicherung ihrer Beteiligung

Die relevanten Kennzahlen für das Kreditrating

nimmt die Kapitalbeteiligungsgesellschaft vor allem eine Beratungs- und Kontrollfunktion wahr.

Das Unternehmen kann von dem Sonderfinanzierungsprogramm der Kreditanstalt für Wiederaufbau (KfW) „Kapital für Arbeit" Gebrauch machen. Wird von dem Unternehmen ein Arbeitsloser, ein von Arbeitslosigkeit bedrohter oder ein geringfügig beschäftigter Arbeitnehmer für zwölf Monate eingestellt, erhält dieses neben einem Investitionsdarlehen in Höhe von 50 000 EUR ein weiteres Darlehen von 50 000 EUR zur Eigenkapitalstärkung für zehn Jahre gewährt. Dieses Eigenkapital ersetzende Darlehen muss von dem Unternehmen erst in den letzten beiden Jahren in vier halbjährlichen Raten zurückgezahlt werden. Ein solches Darlehen aus dem Programm „Kapital für Arbeit" kann von Unternehmen bis zu einem Jahresumsatz von 500 Mio. EUR beantragt werden.

Auch die Mitarbeiterbeteiligung stellt eine interessante Form der Zuführung von Eigenkapital und damit der Erhöhung der Eigenkapitalquote dar. Eine Beteiligung der Mitarbeiter kann dem Arbeitgeberunternehmen zahlreiche Vorteile bieten: Eigeninitiative der Mitarbeiter, mehr Mitverantwortung, Motivation zu mehr Leistung, stärkeres Qualitätsbewusstsein, erhöhte Flexibilität.

Das Unternehmen kann von Mobilien- oder Immobilienleasing Gebrauch machen. Hier muss nichts bilanziert werden, sodass die Eigenkapitalquote günstiger ausfällt.

Das Unternehmen kann von Factoring Gebrauch machen. Der Factor kauft die Forderungen des Unternehmens und übernimmt das Risiko der Zahlungsfähigkeit der Schuldner zu 100 %. Das Unternehmen erhält vom Factor bis zu 90 % der verkauften Forderungen bevorschusst. Der Restbetrag verbleibt zunächst auf einem Sperrkonto zur Deckung etwaiger Mängelrügen, Skonti, Boni etc. Dieser Restbetrag wird ausbezahlt, sobald der Debitor die Rechnung an den Factor gezahlt hat. Üblich ist auch das so genannte stille Factoring. Hier erfährt der Debitor nicht, dass die Forderung

Optimierung der Jahresabschlusskennzahlen

an den Factor abgetreten wurde. Er zahlt folglich unverändert an den Lieferanten. Auch das Factoring erhöht die Eigenkapitalquote.

Das Unternehmen kann an die Börse gehen. Insgesamt erwägen diesen Schritt nicht einmal 5 % der Unternehmen in Deutschland.

Das Unternehmen kann die Eigenkapitalquote auch dadurch erhöhen, dass es den Kapitalumschlag erhöht, d.h. die Kapitalbindungsdauer zum Beispiel in den Vorräten verringert.

> **Praxis-Tipp:**
>
> Die Unternehmen müssen sofort beginnen, an der Verbesserung ihrer Eigenkapitalquote mit dem Ziel von mehr als 30 % zu arbeiten. Sie können auf keinen Fall warten, bis das BIR ab 1. Januar 2007 obligatorisch wird. Wie sonst soll die Eigenkapitalquote innerhalb eines Jahres, also von heute auf morgen, signifikant erhöht werden?

Fremdkapitalquote (Fremdkapitalstruktur)

In Bezug auf das Fremdkapital wird für das BIR wie folgt differenziert:

Verbindlichkeiten mit einer Restlaufzeit bis zu einem Jahr	= kurzfristiges Fremdkapital
Verbindlichkeiten mit einer Restlaufzeit zwischen einem und fünf Jahren	= mittelfristiges Fremdkapital
Verbindlichkeiten mit einer Restlaufzeit von mehr als fünf Jahren	= langfristiges Fremdkapital

Fremdkapital: Differenzierung

Das kurzfristige Fremdkapital ist unmittelbar der Bilanz zu entnehmen. Die Bilanz enthält für jede einzelne Verbindlichkeitenkategorie diejenigen Verbindlichkeiten in EUR, die eine Restlaufzeit von bis zu einem Jahr aufweisen.

Die relevanten Kennzahlen für das Kreditrating

Es sollte nicht vergessen werden, die Rückstellungen daraufhin zu untersuchen, ob Teile davon dem kurzfristigen Fremdkapital zuzuordnen sind, da sie nur noch eine Restlaufzeit von bis zu einem Jahr aufweisen. Die Zuordnung kann gegebenenfalls im Schätzwege erfolgen.

Das langfristige Fremdkapital ist bei den Kapitalgesellschaften und den GmbH & Co. KGs dem Anhang zu entnehmen. Nach § 285 Nr. 1 und 2 HGB sind dort bei den mittelgroßen und großen Gesellschaften diejenigen Verbindlichkeitenkategorien in EUR aufzuführen, die eine Restlaufzeit von mehr als fünf Jahren aufweisen. Die kleinen Gesellschaften können das langfristige Fremdkapital in einer Summe angeben.

Durch einfache Subtraktion des kurzfristigen von dem langfristigen Fremdkapital erhält man als Differenzbetrag das mittelfristige Fremdkapital mit einer Restlaufzeit zwischen einem und fünf Jahren.

Praxis-Tipp:

Das Unternehmen sollte der Bank für ihr BIR die Fremdkapitalstruktur in Form eines Fremdkapitalspiegels, wie er vorstehend aufgeführt ist, darstellen.

Zur Darstellung der Fremdkapitalstruktur bildet man für das BIR vor allem die folgenden Kennzahlen:

$$\frac{\text{Fremdkapital}}{\text{Gesamtkapital}} \times 100 = \text{Fremdkapitalquote (gesamt)}$$

Praxis-Tipp:

Von dem gesamten Fremdkapital sollte das langfristige Fremdkapital mindestens 50 % ausmachen.

Optimierung der Jahresabschlusskennzahlen

$$\frac{\text{langfristiges Fremdkapital}}{\text{Gesamtkapital}} \times 100 = \text{Fremdkapitalquote (langfristiges Fremdkapital)}$$

$$\frac{\text{mittelfristiges Fremdkapital}}{\text{Gesamtkapital}} \times 100 = \text{Fremdkapitalquote (mittelfristiges Fremdkapital)}$$

$$\frac{\text{kurzfristiges Fremdkapital}}{\text{Gesamtkapital}} \times 100 = \text{Fremdkapitalquote (kurzfristiges Fremdkapital)}$$

Im Rahmen des BIR ist es besonders bedenklich, wenn die Fremdkapitalquote beim kurzfristigen Fremdkapital ansteigt (vor allem, wenn sich die Lieferantenschulden erhöhen). Das Unternehmen sollte daher versuchen, wenn möglich, das kurzfristige Fremdkapital in mittel- und/oder langfristiges Fremdkapital umzuwandeln. Durch eine solche Umschuldung verbessert sich die Fremdkapitalstruktur des Unternehmens und damit die Basis für das BIR.

> **Praxis-Tipp:**
>
> Wenn es die wirtschaftliche Lage eines Unternehmens erlaubt, einen Kontokorrentkredit bei der Bank teilweise zurückzuzahlen und die Kreditlinie zurückzunehmen oder ein mittel- und/oder langfristiges Darlehen durch eine vereinbarte Sonderzahlung zu tilgen, sollte unbedingt darauf gedrungen werden, dass die Bank die frei werdenden Sicherheiten zurückgibt.

Zur Analyse der Fremdkapitalstruktur ziehen verschiedene Banken in ihrem Ratingsystem die Kennzahl „Verschuldungsgrad" heran, die wie folgt gebildet wird:

$$\frac{\text{Fremdkapital}}{\text{Eigenkapital}} \times 100 = \text{Verschuldungsgrad}$$

Diese Kennzahl dient als Maßstab für die finanzielle Unabhängigkeit eines Unternehmens. Der Unternehmer sollte festlegen, ab wel-

Die relevanten Kennzahlen für das Kreditrating

chem Prozentsatz er die finanzielle Unabhängigkeit seines Unternehmens als gefährdet ansieht. Es muss davon ausgegangen werden, dass das Ratingergebnis stark negativ beeinflusst wird, wenn der Verschuldungsgrad eine Obergrenze von 350 % übersteigt.

Lagerumschlag

Die Kennzahl „Lagerumschlag" wird in fast allen von den Banken eingesetzten Ratingsystemen verarbeitet. Sie hat eine erhebliche Aussagekraft, da ein Absinken des Gesamtvermögensumschlages bzw. ein Ansteigen der Kapitalbindung in vielen Unternehmen auf ein Anwachsen der Vorräte zurückzuführen ist. Es wird zu viel Kapital in den Roh-, Hilfs- und Betriebsstoffen, in den Beständen der Fertigerzeugnisse und der unfertigen Erzeugnisse sowie in den Außenständen gebunden. Die überhöhten Bestände binden Kapital, das Risiken ausgesetzt ist und nicht für Tilgungsleistungen an die Bank zur Verfügung steht.

Die Kennzahl „Lagerumschlag" wird wie folgt gebildet:

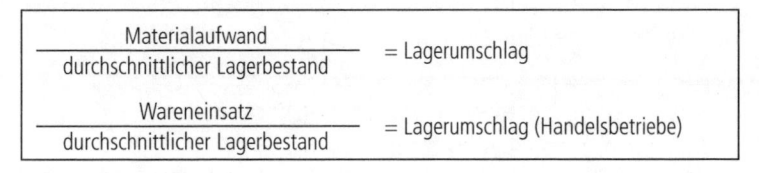

$$\frac{\text{Materialaufwand}}{\text{durchschnittlicher Lagerbestand}} = \text{Lagerumschlag}$$

$$\frac{\text{Wareneinsatz}}{\text{durchschnittlicher Lagerbestand}} = \text{Lagerumschlag (Handelsbetriebe)}$$

Die Zählergröße Materialaufwand bzw. Wareneinsatz (Handelsbetriebe) wird wie folgt errechnet:

```
  Anfangsbestand am 01.01. des Geschäftsjahres
+ Zukäufe während des Geschäftsjahres
− Endbestand am 31.12. des Geschäftsjahres
= Materialaufwand oder Wareneinsatz
```

Die Bewertung sowohl der Bestände als auch der Zukäufe während des Geschäftsjahres erfolgt grundsätzlich zu den Einstandspreisen

Optimierung der Jahresabschlusskennzahlen

(= Anschaffungskosten + Anschaffungsnebenkosten − Skonti, Rabatte) ohne Vorsteuer. Die Bewertung der Bestände an Fertigerzeugnissen und unfertigen Erzeugnissen erfolgt in der Regel zu Vollkosten (in der Handelsbilanz eventuell auch zu Teilkosten).

> **Praxis-Tipp:**
>
> Bewertet das Unternehmen die Bestände niedriger als die Marktpreise (= Wiederbeschaffungspreise, in der Steuerbilanz der Teilwert bei einer voraussichtlich dauernden Wertminderung) nach dem Niederstwertprinzip, legt es stille Reserven. Dies sollte der Bank unbedingt mitgeteilt werden, da sonst die Ertragslage (Rohertragsquote, Betriebsergebnis, Jahresüberschuss) zu ungünstig dargestellt wird.

Die Nennergröße „durchschnittlicher Lagerbestand" ergibt sich im einfachsten Fall als arithmetisches Mittel aus Jahresanfangsbestand und Jahresendbestand. Liegt eine funktionierende Materialbuchhaltung vor, die jeweils die Monatsendbestände ausweist, kann der durchschnittliche Lagerbestand wie folgt ermittelt werden:

> (Jahresanfangsbestand + 12 Monatsendbestände) : 13 = durchschnittlicher Lagerbestand.

> **Praxis-Tipp:**
>
> Eine Verlangsamung des Lagerumschlags ist nicht nur von der Bank, sondern selbstverständlich auch von dem Unternehmen als ein Alarmzeichen zu werten. Es handelt sich in aller Regel um eine Schwachstelle, da die Versuchung des Unternehmens, zu viel Kapital in den Lagerbeständen zu binden, relativ groß ist. Dabei geht es nicht darum, ein möglichst niedriges Lager zu halten, sondern die Lagerbestände zu optimieren.

Die relevanten Kennzahlen für das Kreditrating

Lagerdauer

Viele Banken verwenden für ihr BIR-System neben oder an Stelle der Kennzahl „Lagerumschlagsgeschwindigkeit" die Kennzahl „Lagerdauer". Diese Kennzahl errechnet sich wie folgt:

$$\frac{360 \times \text{durchschnittlicher Bestand}}{\text{Materialaufwand}} = \text{Lagerdauer in Tagen}$$

Die Kennzahlen „Lagerumschlagsgeschwindigkeit" und „Lagerdauer" sind zwei Seiten derselben Medaille. Eine Verlangsamung des Lagerumschlags oder eine Erhöhung der Lagerdauer in Tagen zeigt, dass das Unternehmen zu viel Kapital in den Materiallagern oder im Handelslager gebunden hat.

Praxis-Tipp:

Die Kennzahlen „Lagerumschlag" und „Lagerdauer" sollten von dem Unternehmen jährlich getrennt für

- das Rohstofflager,
- das Lager für Fertigerzeugnisse und unfertige Erzeugnisse und
- das Handelswarenlager

ermittelt werden.

Je stärker diese beiden Kennzahlen Lagerumschlagsgeschwindigkeit und Lagerdauer aufgespalten, d.h. nach Teillagern differenziert ermittelt werden, umso mehr ist das Unternehmen in der Lage, die Lagerhaltung für die verschiedenen Läger zu optimieren und damit die Kennzahlen für das Rating zu verbessern.

Gelingt es dem Unternehmen, die Lagerumschlagsgeschwindigkeit zu erhöhen bzw. die Lagerdauer in Tagen zu verkürzen, verbessern sich zugleich die Kennzahlen „ROI" und „Eigenkapitalquote".

Optimierung der Jahresabschlusskennzahlen

> **Beispiel:**
>
> Wenn ein Fertigwarenlager um 100 000 EUR abgebaut wird, erhöht sich um diesen Betrag der Umsatz des Unternehmens (in der Regel sind in den Umsatzerlösen auch die Gewinnzuschläge enthalten). Dies führt zu einer Erhöhung der Umsatzrendite sowie zu einer Erhöhung des Kapitalumschlags, wodurch sich der ROI erhöht. Wenn der gesteigerte Gewinn nicht ausgeschüttet wird, sondern im Unternehmen verbleibt, verbessert sich automatisch die Eigenkapitalquote.

Umschlagsdauer der Forderungen

Die zu starke Kapitalbindung in den Forderungen aus Lieferungen und Leistungen ist in vielen Fällen die Ursache für eine Verlangsamung des Gesamtvermögensumschlags und, damit einhergehend, einer Verschlechterung des ROI. Gerade in wirtschaftlich schwierigen Zeiten verschlechtert sich die Zahlungsmoral der Kunden, sodass die ausstehenden Forderungen erst relativ spät beglichen werden. Das Unternehmen muss die überhöhten Forderungsbestände unter Umständen mit teuren Kontokorrentkrediten der Bank vorfinanzieren. Dies verschlechtert die Ertragslage des Unternehmens.

Die Banken widmen daher im Rahmen ihres BIR der Entwicklung der Forderungsbestände besondere Aufmerksamkeit und bilden hierzu folgende Kennzahl:

$$\frac{360 \times \text{durchschnittlicher Forderungsbestand}}{\text{Debitorenumsatz} + \text{Umsatzsteuer}} = \text{Umschlagsdauer der Forderungen}$$

Da die Forderungen aus Lieferungen und Leistungen in der Bilanz grundsätzlich einschließlich Umsatzsteuer auszuweisen sind (Buchung: per Forderungen aus Lieferungen und Leistungen an Umsatzerlöse und Umsatzsteuer), während die Umsatzerlöse in der Gewinn- und Verlustrechnung netto, ohne Umsatzsteuer, erschei-

Die relevanten Kennzahlen für das Kreditrating

nen, muss der Umsatz im Nenner um die Umsatzsteuer erhöht werden, damit die Zähler- und Nennergröße dieser Kennzahl gleich bewertet sind.

Der durchschnittliche Forderungsbestand wird anhand der Debitorenbuchhaltung wie folgt errechnet:

> (Jahresanfangsbestand + 12 Monatsendbestände) : 13 = durchschnittlicher Forderungsbestand.

Als Ergebnis einer solchen Kennzahl erhält man beispielsweise 80,4 Tage. Dies bedeutet, dass das Unternehmen im Durchschnitt 80,4 Tage warten muss, bis es seine Forderungen wieder zu Geld gemacht hat.

Nach einer Studie von Creditreform werden in Deutschland die ausstehenden Forderungen bei einem Zahlungsziel von durchschnittlich 23 Tagen erst nach 41 Tagen beglichen. Tatsächlich weichen viele Unternehmen von diesem Durchschnittswert von 41 Tagen erheblich ab. Dies hat in den meisten Fällen eine plausible Erklärung. So gibt es Großunternehmen, die die Rechnungen ihrer Lieferanten erst nach 70 Tagen und später begleichen und trotzdem Skonto abziehen. Dies ist zwar wettbewerbswidrig, aber dem Lieferanten bleibt nur die Wahl, die verspätete Zahlung zu akzeptieren oder ausgelistet zu werden, d.h., der Großkunde geht verloren. Das Unternehmen wird in der Regel in den sauren Apfel beißen und die verspätete Begleichung der Forderung hinnehmen.

Die Bank beurteilt die Kennzahl Umschlagsdauer der Forderungen auch unter dem Aspekt des weichen Faktors Controlling. Sie untersucht das Debitorenmanagement und analysiert die zeitliche Differenz zwischen dem von dem Unternehmen eingeräumten Zahlungsziel einerseits und dem verspäteten Zahlungseingang andererseits. Klafft hier eine große Lücke, kann dies zu einer ungünstigen Einstufung des weichen Faktors Controlling führen, weil das Debitorenmanagement negativ beurteilt wird.

Optimierung der Jahresabschlusskennzahlen

> **Praxis-Tipp:**
>
> Das Unternehmen sollte seiner Bank für das BIR Zusatzinformationen zu der Kennzahl Umschlagsdauer der Forderungen liefern. Hierzu ist es zweckmäßig, zum Bilanzstichtag die Debitorenliste durchzugehen und die ausstehenden Forderungen zu ermitteln, die überfällig sind. Wann eine Forderung, unabhängig von dem vereinbarten Zahlungsziel, als überfällig anzusehen ist, orientiert sich sowohl am Branchendurchschnitt (zum Beispiel in der Bauindustrie in den neuen Bundesländern, in denen viele Kommunen das Zahlungsziel einfach nicht einhalten) als auch an der Kundenstruktur (zum Beispiel marktstarke Unternehmen, die bei ihren Lieferanten verspätete Zahlungen erzwingen). Mit einer solchen Aufgliederung seines Forderungsbestandes liefert das Unternehmen seiner Bank eine plausible Erklärung für eine schwache Kennzahl „Umschlagsdauer der Forderungen" und verhindert zugleich eine negative Bewertung des weichen Faktors Controlling wegen eines schlechten Debitorenmanagements.

Kennzahlen zur Finanzlage

Nach dem Grundsatz des „true and fair view" (§ 264 Abs. 2 HGB) hat der Jahresabschluss unter anderem ein den tatsächlichen Verhältnissen entsprechendes Bild der Finanzlage eines Unternehmens zu vermitteln.

Die Finanzlage beschreibt die Liquiditätssituation eines Unternehmens. Unter Liquidität versteht man die Fähigkeit eines Unternehmens, allen Zahlungsnotwendigkeiten und Zahlungsverpflichtungen jederzeit termingerecht nachkommen zu können. Die Finanzlage ist für das Ratingergebnis eines Unternehmens von zentraler Bedeutung, da sich die Bank sicher sein muss, dass sich das Unternehmen gegenwärtig und in Zukunft in einem finanziellen Gleichgewicht befindet.

Die relevanten Kennzahlen für das Kreditrating

Aus diesem Grunde kommt für jedes BIR-System den verarbeiteten Kennzahlen zur Beurteilung der Finanzlage eine große Bedeutung zu. Die Banken setzen in ihrem BIR zur Charakterisierung der Finanzlage des zu analysierenden Unternehmens vor allem folgende Finanzkennzahlen ein:

- Liquiditätsgrade
- Net Working Capital
- Anlagendeckungsgrad (goldene Bankregel in der erweiterten Form)
- Cashflow
- Cashflow-Rate
- Schuldentilgungsdauer (Schuldendienstfähigkeit)
- Cashflow in Relation zum kurzfristigen Fremdkapital
- Kreditorenlaufzeit (Umschlagsdauer der Kreditoren)

Liquiditätsgrade

Die Liquiditätsgrade basieren auf dem Grundgedanken, dass sich die Liquidität im Verhältnis der flüssigen Mittel zu fälligen kurzfristigen Verbindlichkeiten ausdrücken lässt. Man unterscheidet drei Liquiditätsgrade:

- Die Liquidität 1. Grades, die auch als Barliquidität bezeichnet wird, stellt die flüssigen Mittel (Barmittel, Bankguthaben, Schecks, diskontfähige Wechsel, börsenfähige Wertpapiere) den kurzfristigen Verbindlichkeiten (Verbindlichkeiten mit einer Restlaufzeit bis zu einem Jahr) gegenüber und setzt sie ins Verhältnis.

- Die Liquidität 2. Grades (einzugsbedingte Liquidität) berücksichtigt darüber hinaus noch die kurzfristigen Forderungen.

Optimierung der Jahresabschlusskennzahlen

- Die Liquidität 3. Grades (umsatzbedingte Liquidität) setzt das gesamte Umlaufvermögen zu den kurzfristigen Verbindlichkeiten ins Verhältnis.

Liquiditätsgrade:

$$\frac{\text{Flüssige Mittel}}{\text{Kurzfristige Verbindlichkeiten}} \times 100 = \text{Liquidität 1. Grades}$$

$$\frac{\text{Flüssige Mittel + Forderungen}}{\text{Kurzfristige Verbindlichkeiten}} \times 100 = \text{Liquidität 2. Grades}$$

$$\frac{\text{Umlaufvermögen}}{\text{Kurzfristige Verbindlichkeiten}} \times 100 = \text{Liquidität 3. Grades}$$

Praxis-Tipp:

Als Faustregel gilt, dass die Liquidität 1. Grades mindestens 20 % und die Liquidität 2. Grades mindestens 100 % (besser 120 %) betragen sollte. Die Liquidität 3. Grades sollte für eine zweifache Deckung ausreichen.

Die Liquiditätsgrade haben nur eine begrenzte Aussagekraft. Sie basieren auf Werten der Vergangenheit und sind auf den jeweiligen Bilanzstichtag bezogen. Darüber hinaus geben sie nur ein durchschnittliches Deckungsverhältnis an und sagen nichts über die Fälligkeit kurzfristiger Forderungen aus. Sie informieren auch nicht über in Kürze fällige Auszahlungen, die noch nicht aus der Bilanz zu ersehen sind, zum Beispiel Steuern, Personalausgaben etc.

Net Working Capital

Einzelne Banken ermitteln als Kennzahl für ihr BIR das Net Working Capital, das einen relativ schnellen Einblick in die Liquiditätssituation eines Unternehmens ermöglicht. Das Net Working Capital wird meistens durch einen innerbetrieblichen Zeitvergleich wie folgt dargestellt:

Die relevanten Kennzahlen für das Kreditrating

	Jahr 01	Jahr 02	Jahr 03
Umlaufvermögen			
− Kurzfristige Verbindlichkeiten			
− Kurzfristige Rückstellungen			
= Net Working Capital +/−			

Net Working Capital (Vergangenheitsentwicklung)

Ist das Net Working Capital im Laufe der betrachteten Bilanzjahre permanent angestiegen und das mit zunehmender Tendenz, kann davon ausgegangen werden, dass das Unternehmen bei normalem Fortgang zumindest in der unmittelbaren Zukunft keine Liquiditätsprobleme haben wird. Vor allem dann nicht, wenn der das kurzfristige Fremdkapital übersteigende Teil des Umlaufvermögens durch langfristiges Fremdkapital (Restlaufzeit mehr als fünf Jahre) finanziert ist. Der Unternehmer kann diesen übersteigenden Teil des Umlaufvermögens (zum Beispiel Forderungen oder Vorräte) relativ schnell in Geld umwandeln und für die Rückzahlung von kurzfristigen Verbindlichkeiten einsetzen.

Anders stellt sich die Liquiditätssituation dar, wenn das kurzfristige Fremdkapital das Umlaufvermögen des Unternehmens überschritten hat (negatives Net Working Capital) und das eventuell noch mit zunehmender Tendenz. In diesem Fall nähert sich das Unternehmen mit Riesenschritten der Illiquidität oder ist bereits illiquide. Auch für den Fall, dass das Unternehmen eine größere Investition plant, reicht das Net Working Capital zur Darstellung der Liquiditätssituation keinesfalls aus. In beiden Fällen muss das Unternehmen eine Finanzplanung durchführen, da es nur auf diese Art und Weise für die künftigen Jahre sein finanzielles Gleichgewicht sichern kann.

Die Bank erwartet für ihr BIR von vornherein, dass jedes Unternehmen über einen Finanzplan verfügt, der monatlich einen Überblick über dessen Liquiditätssituation liefert. Wird durch die statische Liquiditätsanalyse aufgrund der Betrachtung der Liquiditätsgrade

Optimierung der Jahresabschlusskennzahlen

oder der Kennzahl „Net Working Capital" eine Störung des finanziellen Gleichgewichts eines Unternehmens sichtbar, ist die umgehende Einführung einer Finanzplanung (Liquiditätsplanung) ein absolutes Muss. Das Unternehmen läuft sonst Gefahr, in der Bonitätseinstufung so weit zurückzufallen, dass es für seine Bank ein Abwicklungsfall wird.

Anlagendeckungsgrad (goldene Bankregel in der erweiterten Form)

Verschiedene Banken ziehen bei ihrem BIR auch die Kennzahl „Anlagendeckungsgrad" als weitere Liquiditätskennzahl heran. Diese Kennzahl wird häufig in folgender Form gebildet:

$$\frac{\text{(Eigenkapital + langfristiges Fremdkapital)}}{\text{Anlagevermögen + 1/4 Umlaufvermögen}} \times 100 = \text{Anlagendeckungsgrad}$$

In dieser Kennzahl, die auch als goldene Bankregel in erweiterter Form bezeichnet wird, sind im Zähler das gesamte Eigenkapital und das langfristige Fremdkapital (Restlaufzeit mehr als fünf Jahre) aufgeführt. Im Nenner sind das gesamte Anlagevermögen und ein Viertel – unter Umständen, je nach Branche, auch nur ein Fünftel – des Umlaufvermögens enthalten. Ein Viertel bis ein Fünftel des Umlaufvermögens, je nach Branche, hat quasi Anlagecharakter. Ein Herstellerbetrieb ist nur betriebsbereit, d.h., er kann nur dann produzieren, wenn er über einen Mindestbestand an Roh-, Hilfs- und Betriebsstoffen verfügt. Dasselbe gilt für ein Handelsunternehmen, das ebenfalls über ein bestimmtes Mindestwarenlager verfügen muss, um seinen potenziellen Kunden ein kundengerechtes Sortiment anbieten zu können, ohne das ein Umsatz überhaupt nicht erzielt werden kann. Man spricht in diesem Zusammenhang vom so genannten „Eisernen Bestand", der gewissermaßen Anlagecharakter aufweist. Der „Eiserne Bestand" muss, genau wie das Anlagevermögen, langfristig finanziert sein. Langfristige Finanzierung bedeutet Eigenkapital und/oder Fremdkapital mit einer Restlaufzeit von mehr als fünf Jahren.

Die relevanten Kennzahlen für das Kreditrating

Der Anlagendeckungsgrad sollte mindestens 100 % betragen, nur dann ist die goldene Bankregel in der erweiterten Form erfüllt. Die Bank spricht im Zusammenhang mit dieser Kennzahl von einer Normalfinanzierung. Dies zu Recht, da die deutschen Unternehmen im Durchschnitt die goldene Bankregel in der erweiterten Form erfüllen. Erzielt ein Unternehmen einen Kennzahlenwert von über 100 %, hat es die goldene Bankregel in der erweiterten Form übererfüllt, bei einem Kennzahlenwert von unter 100 % hat es diese goldene Bankregel verfehlt.

> **Praxis-Tipp:**
>
> Für den Fall, dass ein Unternehmen beim Anlagendeckungsgrad einen Prozentwert von unter 100 % ausweist, d.h. die goldene Bankregel in der erweiterten Form verfehlt, sollte es gegenüber der Bank Argumente parat haben, die die Nichterfüllung erklären. Beispiel: Das Unternehmen ist eine technologieorientierte Neugründung mit einer überdurchschnittlichen nachhaltigen Ertragskraft, das aufgrund seiner Ertragssituation in relativ kurzer Zeit zusätzliches Eigenkapital bilden kann.

Cashflow

Die für jede Bank wichtigste Kennzahl zur Beurteilung der Finanzlage eines Unternehmens im Rahmen des BIR ist der Cashflow. Für die Bank ist der Cashflow aussagekräftiger als der Gewinn. Zins- und Tilgungsleistungen werden nicht aus dem bilanztechnisch errechneten Gewinn, sondern aus dem Cashflow erbracht. Während der Gewinn durch Bewertungsmaßnahmen (zum Beispiel Unterbewertung von Vorräten, überhöhte Rückstellungen) des Unternehmens gedrückt werden kann, enthält der Cashflow nur Aufwendungen, die mit Ausgaben, und Erträge, die mit Einnahmen verbunden sind. Der Cashflow stellt demnach eine Kennzahl dar, die eine objektive Beurteilung der Finanzlage eines Unternehmens ermöglicht.

Optimierung der Jahresabschlusskennzahlen

Unter dem Cashflow ist der finanzielle Überschuss aus dem operativen Geschäft innerhalb einer Bilanzierungsperiode zu verstehen. Er bildet das Gegenstück zu dem Ergebnis der Gewinn- und Verlustrechnung. Während der Gewinn bzw. Verlust den periodengerechten Erfolg ausweisen soll, soll der Cashflow einen Überblick über die finanziellen Auswirkungen vermitteln, die der Umsatzprozess eines Unternehmens in der abgelaufenen Bilanzierungsperiode gehabt hat.

Der Cashflow wird grundsätzlich wie folgt ermittelt:

	Gewinn
+	Aufwand, der nicht mit Ausgaben verbunden ist
−	Erträge, die nicht mit Einnahmen verbunden sind
=	Cashflow

Der Gewinn als Ausgangsgröße für die Berechnung des Cashflows wird um alle Aufwendungen erhöht, die zwar den Gewinn gemindert, jedoch zu keinen Mittelabflüssen an die Umwelt geführt haben. So haben beispielsweise die Abschreibungen auf das Anlagevermögen (einschließlich der Abschreibungen der geringwertigen Wirtschaftsgüter nach § 6 Abs. 2 EStG) den Gewinn gemindert, es sind jedoch keine finanziellen Mittel an die Umwelt abgeflossen. Wenn man realistischerweise unterstellt, dass die in den Verkaufspreisen der abgesetzten Produkte kalkulierten Abschreibungen im Laufe des Bilanzjahres im erzielten Umsatz an das Unternehmen zurückgeflossen sind, haben diese entsprechend zu einer Erhöhung der liquiden Mittel, d.h. des Cashflows, geführt.

Umgekehrt sind bei der Berechnung des Cashflows alle Erträge von dem Gewinn abzusetzen, die zwar den Gewinn erhöht, aber zu keinerlei Mittelzuflüssen aus der Umwelt geführt haben. So sind zum Beispiel Zuschreibungen beim Anlagevermögen, wie Kursgewinne bei Wertpapieren, die den Gewinn erhöht haben, für die

Die relevanten Kennzahlen für das Kreditrating

Berechnung des Cashflows wieder abzuziehen, da sie zu keiner Erhöhung der liquiden Mittel, d.h. des Cashflows, geführt haben.

Eine GmbH kann im Rahmen der Analyse seines Jahresabschlusses den Cashflow wie folgt errechnen:

Bilanzgewinn (= Jahresüberschuss nach Gewinnverwendung)
+ Rücklagenerhöhung
− Rücklagenauflösung
+ Abschreibungen auf das Anlagevermögen
− Zuschreibungen auf das Anlagevermögen
+ Erhöhung der langfristigen Rückstellungen
− Verminderung der langfristigen Rückstellungen
+ Neutrale Aufwendungen (außerordentliche, periodenfremde)
− Neutrale Erträge (außerordentliche, periodenfremde)
= Cashflow

Der so ermittelte Cashflow stellt den Netto-Cashflow dar. Der Bilanzgewinn hat als Ausgangsgröße den Jahresüberschuss. Der Jahresüberschuss bildet die letzte Position in dem Gliederungsschema der Gewinn- und Verlustrechnung (Position 20), die um die Körperschaftsteuer und die Gewerbeertragsteuer (Position 18) sowie die sonstigen Steuern, wie Grundsteuer, Kraftfahrzeugsteuer, eventuelle Verbrauchsteuern (Position 19) etc., bereits vermindert ist. Der Bilanzgewinn ist der Gewinn nach Gewinnverwendung, d.h., eine eventuelle Ausschüttung von Teilen des Jahresüberschusses an die Gesellschafter, eine eventuelle Einstellung in die offenen Gewinnrücklagen oder ein Gewinnvortrag ist bereits erfolgt.

Neutrale Aufwendungen, zum Beispiel Anlagenverkäufe unter Buchwert, werden dem Cashflow wieder hinzuaddiert, da sie nicht mit dem eigentlichen Betriebszweck, d.h. dem operativen Geschäft, zusammenhängen. Umgekehrt werden neutrale Erträge, zum Beispiel Anlagenverkäufe über Buchwert, wieder abgesetzt,

Optimierung der Jahresabschlusskennzahlen

obwohl Mittel von außen zugeflossen sind, die aber nicht aus dem operativen Geschäft resultieren.

Der Netto-Cashflow ist sowohl um die Steuern als auch um die Gewinnausschüttungen an die Gesellschafter vermindert. Er spiegelt daher den finanziellen Überschuss aus den laufenden Operationen des Unternehmens in der abgelaufenen Bilanzierungsperiode wider.

Der Cashflow stellt eine Berechnungsgröße dar. Er ist entweder während des Geschäftsjahres entsprechend den Planungen des Managements bereits verbraucht worden (zum Beispiel für Investitionen, Bezahlung von Lieferantenrechnungen) oder steht in den folgenden Geschäftsjahren zum Verbrauch zur Verfügung.

Liegt ein Einzelunternehmen oder eine Personengesellschaft vor, gelangt man zu dem Cashflow, indem man den Brutto-Cashflow um die Privatentnahmen und die privaten Steuern (Einkommensteuer, Kirchensteuer, Solidaritätszuschlag) vermindert:

> Brutto-Cashflow
> − Privatentnahmen
> − Private Steuern
> = Netto-Cashflow

Praxis-Tipp:

Der Unternehmer sollte sich das von seiner Hausbank eingesetzte Cashflow-Schema besorgen, um den Netto-Cashflow exakt in der gleichen Art und Weise ermitteln zu können wie seine Bank.

Im Wesentlichen dient der Cashflow als Maßstab für die Schuldentilgungskraft eines Unternehmens. Er gibt an, wie viel als finanzieller Überschuss anfällt und wie viel davon bei normalem Fortgang des Unternehmens zur Schuldentilgung außerhalb des laufenden Umsatzprozesses verwendet werden kann.

Die relevanten Kennzahlen für das Kreditrating

Cashflow-Rate

Die Bank zieht im Rahmen ihres BIR vor allem die folgende Kennzahl „Cashflow-Rate" heran:

$$\frac{\text{Cashflow}}{\text{Gesamtleistung oder Umsatzerlöse}} \times 100 = \text{Cashflow-Rate}$$

Diese Kennzahl dient der Bank insbesondere zur Beurteilung des Innenfinanzierungsspielraums des Unternehmens. Sie ist daneben aber auch eine Kennzahl, die etwas über die nachhaltige Ertragskraft des Unternehmens aussagt. Sie stellt das Gegenstück zur Umsatzrendite dar und sollte diese weit übersteigen.

> **Praxis-Tipp:**
>
> Für ein gutes Ratingergebnis sollte das Unternehmen eine Cashflow-Rate von mehr als 10 % erzielen.

Das Unternehmen kann seine Cashflow-Rate durch folgende Maßnahmen steigern:

- Durchführung von Investitionen, aus denen Abschreibungen resultieren, die den Cashflow erhöhen.
- Steigerung des Jahresüberschusses, zum Beispiel durch Erhöhung des Umsatzes und Senkung der Personalkosten etc.
- Bildung von Pensionsrückstellungen, die zu Betriebsaufwand führen, der nicht mit Ausgaben verbunden ist.

Umgekehrt vermindert das Unternehmen seinen Cashflow unter anderem aus folgenden Gründen:

- Verringerung des Jahresüberschusses durch höhere Zinsen, die aus Investitionen resultieren.
- Verringerung des Jahresüberschusses, zum Beispiel durch sinkende Umsätze und steigende Personalkosten etc.

Optimierung der Jahresabschlusskennzahlen

- Verringerung der Pensionsrückstellungen, dadurch weniger Betriebsaufwand, der bei der Ermittlung des Cashflows dem Gewinn hinzuaddiert werden kann.

Schuldentilgungsdauer (Schuldendienstfähigkeit)

Für das BIR ist die Kennzahl Schuldentilgungsdauer von zentraler Bedeutung. Diese Kennzahl wird wie folgt gebildet:

$$\frac{\text{Cashflow}}{\text{Nettogesamtschulden}} = \text{Schuldentilgungsdauer (Schuldendienstfähigkeit)}$$

Die Nettogesamtschulden berechnen sich dabei wie folgt:

```
  Fremdkapital
- liquide Mittel (können sofort zur Schuldentilgung eingesetzt werden)
- Pensionsrückstellungen (werden von den Banken quasi als Eigenkapital angesehen)
= Nettogesamtschulden
```

Die Kennzahl Schuldentilgungsdauer (in Jahren) ist für das BIR deswegen so bedeutsam, weil sie der Bank die Verschuldungsgrenze eines Unternehmens, d.h. das Ausmaß der zulässigen Verschuldung, aufzeigt. Aus diesem Grunde wird die Kennzahl auch als Schuldendienstfähigkeit bezeichnet.

> **Praxis-Tipp:**
>
> Strebt ein Unternehmen die Bestnote bei dem BIR an, sollte die Schuldentilgungsdauer weniger als drei Jahre betragen.

Die Schuldentilgungsdauer in Jahren lässt sich zum Beispiel verkürzen, wenn das Unternehmen seine Kundenforderungen durch ei-

Die relevanten Kennzahlen für das Kreditrating

ne Verbesserung seines Debitorenmanagements schneller realisieren kann, wenn nicht notwendiges Betriebsvermögen veräußert wird etc.

Cashflow in Relation zum kurzfristigen Fremdkapital

Einzelne Banken setzen im Rahmen ihres BIR den von dem Unternehmen erwirtschafteten Cashflow zu dem kurzfristigen Fremdkapital (Restlaufzeit bis zu einem Jahr) in Beziehung:

$$\frac{\text{Cashflow}}{\text{Kurzfristiges Fremdkapital}} \times 100 = \text{Cashflow in \% des kurzfristigen Fremdkapitals}$$

Je höher dieser Kennzahlenwert ausfällt, umso günstiger wird das Ratingergebnis beeinflusst. Ein Kennzahlenwert von 200 % bedeutet zum Beispiel, dass das Unternehmen einen Cashflow erzielt hat, der doppelt so hoch ist wie das kurzfristige Fremdkapital. Damit ist das Unternehmen in der Lage, das kurzfristige Fremdkapital problemlos aus dem selbst erwirtschafteten finanziellen Überschuss zu finanzieren.

Umschlagsdauer der Kreditoren

Viele Banken ziehen für ihr BIR die Kennzahl „Umschlagsdauer der Kreditoren" heran, die auch als Kreditorenlaufzeit bezeichnet wird:

$$\frac{360 \times \text{durchschnittlicher Kreditorenbestand}}{\text{Material-Wareneinkauf} + \text{Umsatzsteuer}} = \text{Umschlagsdauer der Kreditoren}$$

Der durchschnittliche Kreditorenbestand ist der Kreditorenbuchhaltung zu entnehmen:

Durchschnittlicher Kreditorenbestand = (Kreditorenbestand zum 01.01. + 12 Monatsendbestände) : 13.

Optimierung der Jahresabschlusskennzahlen

Da im Zähler der Kennzahl der Kreditorenbestand einschließlich Umsatzsteuer enthalten ist, muss im Nenner, der die Einkaufsbeträge ohne Vorsteuer enthält, die Umsatzsteuer hinzuaddiert werden.

Die Kennzahl zeigt an, nach wie viel Tagen ein Unternehmen im Durchschnitt seine Lieferantenverbindlichkeiten begleicht (Kreditorenlaufzeit).

> **Praxis-Tipp:**
>
> Wenn ein Unternehmen seine Rechnungen entweder unter Skontoabzug oder innerhalb von 30 Tagen bezahlen kann, signalisiert ein Kennzahlenwert von 30 Tagen, dass das betreffende Unternehmen nicht skontiert. Dies interpretiert jede Bank als ein negatives Zeichen, da der Lieferantenkredit grundsätzlich der teuerste Kredit ist, den ein Unternehmen in Anspruch nehmen kann.

Weiche Faktoren für das Kreditrating und ihre Optimierung

4

1. Was sind weiche Faktoren und welche Bedeutung haben sie für das BIR? 132
2. Optimierung der weichen Faktoren 133
3. Management 135
4. Produktion 153
5. Personal 157
6. Controlling 161
7. Marktfaktoren/Marketing 172
8. Die Beziehung zwischen Kunde und Bank 202

1. Was sind weiche Faktoren und welche Bedeutung haben sie für das BIR?

Die bisherige herkömmliche Kreditwürdigkeitsprüfung nach § 18 Kreditwesengesetz (KWG) verpflichtete die Kreditinstitute, bei Krediten mit einem Volumen ab 250 000 EUR eine Auswertung der wirtschaftlichen Verhältnisse vorzunehmen. Dazu gehörte insbesondere eine laufende Analyse der Jahresabschlüsse des Kredit nachfragenden Unternehmens. Daneben wurden vor Kreditvergabe und während der Kreditlaufzeit in einem gewissen Umfang auch weiche Faktoren analysiert. Die Kreditberater überprüften zum Beispiel die persönliche Kreditwürdigkeit (Persönlichkeitsstruktur des Unternehmers), führten Betriebsbesichtigungen durch und fragten in ihren Kreditgesprächen gezielt nach einzelnen weichen Faktoren wie den Markt- und Konkurrenzverhältnissen. Die dabei erhobenen weichen Faktoren flossen in der Regel in ein Punktbewertungssystem (Scoring Modell) ein, das die Kreditwürdigkeit des Unternehmens abbildete.

Die künftig obligatorischen, von der Bankenaufsicht anerkannten und zertifizierten Ratingverfahren gehen weit über diese herkömmliche Kreditwürdigkeitsprüfung hinaus. Das Besondere an jedem Ratingsystem ist, dass in diesem computergestützten Bonitätsverfahren in einer mehr oder minder starken Gewichtung das Faktorenbündel der so genannten weichen Faktoren verarbeitet wird, das das Bonitätsurteil des Unternehmens (Ratingergebnis) entscheidend mitbestimmt. Nur so kann die von Basel II geforderte Ermittlung der Ausfallwahrscheinlichkeiten erreicht werden.

Wie die weichen Faktoren im jeweiligen Ratingsystem gewichtet werden, ist von Bank zu Bank unterschiedlich und hängt darüber hinaus von der Betriebsgröße des Kredit nachfragenden Unternehmens und von der Höhe des Gesamtkreditengagements des Unternehmens ab.

Optimierung der weichen Faktoren

Für die Mehrzahl der mittelständischen Unternehmen bis zu einem Jahresumsatz von etwa 25 Mio. EUR und einem Gesamtkreditengagement von mehr als 250 000 EUR gehen die weichen Faktoren mit einem Gesamtgewicht von 40 %, bei einigen Banken mit einem Gesamtgewicht von nur 30 %, in das Ratingsystem ein.

Ab 25 Mio. EUR aufwärts kann sich die Gewichtung zwischen harten und weichen Faktoren verschieben: weiche Faktoren 60–70 %, harte Faktoren 40–30 %.

Dies verdeutlicht die große Bedeutung, die dem Faktorenbündel der weichen Faktoren für das BIR mittelständischer Unternehmen zukommt.

Für die Mehrzahl des deutschen Mittelstands beträgt das Gesamtgewicht des Faktorenbündels der weichen Faktoren 40 %, die sich wie folgt zusammensetzen:

Weiche Faktoren	Gewicht
Management, Produktion, Personal, Controlling, Marktfaktoren (Marketing)	24,4 %
Nachfolgeregelung	5,6 %
Dauer der Kundenbeziehung	2,0 %
Kontenverhalten	8,0 %
Gesamtgewicht	100,0 %

Gewichtung der weichen Faktoren

2. Optimierung der weichen Faktoren

Die systematische Erhebung und Bewertung der weichen Faktoren ist sowohl für den Kreditberater als natürlich auch für die Unternehmer neu und ungewohnt. Die Kreditberater werden auf diese Aufgabe von ihren Banken durch Schulungsprogramme, einen

Weiche Faktoren für das Kreditrating

ausführlichen Leitfaden (Handbuch) und entsprechende Checklisten (Fragebogen) umfassend vorbereitet. Um in Zukunft für die so eingewiesenen und geschulten Kreditberater einen adäquaten Gesprächspartner abgeben zu können, muss sich jeder mittelständische Unternehmer nicht nur mit den Inhalten der weichen Faktoren, sondern auch mit den Erhebungstechniken der Kreditberater so gründlich wie möglich vertraut machen.

Der Kreditberater fragt in dem Kreditgespräch zum Beispiel nach Unternehmensvision, Leitbild und Corporate Identity (CI) des Unternehmens, nach der Unternehmensstrategie, den Unternehmenszielen etc.

Ist der Unternehmer auf solche Fragen vorbereitet? Verfügt er für sein Unternehmen über ein schriftlich formuliertes Leitbild? Hat er eine CI-Strategie entwickelt? Was für eine Unternehmensstrategie verfolgt er? Hat er unternehmerische Oberziele formuliert? Verfügt er für sein Unternehmen über ein Zielsystem etc.?

Die Erhebung der weichen Faktoren durch den Kreditberater kann für den Unternehmer Anlass sein, nicht nur über bestimmte weiche Faktoren nachzudenken, sondern zum Beispiel ein Leitbild für sein Unternehmen schriftlich zu formulieren, eine CI-Strategie zu entwickeln, ein Zielsystem aufzustellen etc.

Dies kann bereits einen entscheidenden Schritt zur Optimierung der weichen Faktoren darstellen.

Der Unternehmer muss davon ausgehen, dass er gezielte Fragen seines Kreditberaters zu dem Controlling seines Unternehmens beantworten muss. Er wird daher das gesamte Controlling auf den Prüfstand stellen und etwaige Mängel bzw. Defizite identifizieren und, falls möglich, auch abstellen. Dies kann zum Beispiel damit beginnen, dass er der Bank in Zukunft den aktuellen und keinen verspäteten Jahresabschluss mehr zur Verfügung stellt. Er kann Mängel im Debitorenmanagement abstellen und eine Finanzplanung mit einer monatlichen Berichterstattung einführen etc.

Management

Die Optimierung der weichen Faktoren ist für den Unternehmer eine Daueraufgabe, wobei er die von ihm ergriffenen Maßnahmen seiner Bank kommunizieren sollte. Nur so kann die Bank (Kreditberater) den Eindruck und die Überzeugung gewinnen, dass das Unternehmen seine Betriebsführung laufend verbessert und effektiver gestaltet. Dies führt dann automatisch zu einem besseren Ratingergebnis.

3. Management

Es ist eine Binsenweisheit, dass der Erfolg oder Misserfolg eines Unternehmens zentral von der Qualität des Managements abhängt. Daher ist es selbstverständlich, dass der weiche Faktor Management für das BIR eine wichtige Rolle spielt, zumal die Banken aus der Insolvenzursachenforschung wissen, dass viele Unternehmen deswegen scheitern, weil das Management versagt.

Das Management eines Unternehmens umfasst einerseits das Topmanagement, die Führungsspitze, und andererseits das Middle-Management, also das Führungspersonal mit Schlüsselqualifikationen, zum Beispiel im IT-Bereich.

Das Unternehmen sollte der Bank für das BIR, falls vorhanden, sein Organigramm zur Verfügung stellen, das über die Organisationsstruktur und die leitenden Mitarbeiter Auskunft gibt.

Topmanagement (Führungsspitze)

Das Unternehmen wird entweder von einem einzigen Inhaber (Einzelunternehmen) oder einem Gremium (Personengesellschaften, Kapitalgesellschaften) geleitet. Bei Gesellschaften prüft die Bank als Erstes, ob der Gesellschafterkreis und der Managerkreis zusammenfallen. Trifft das zu, besteht Interessenidentität und kann ein hohes Maß an Engagement für das Unternehmen unterstellt werden.

Weiche Faktoren für das Kreditrating

Die Bank erwartet über die Führungsspitze (Topmanagement) mindestens folgende Informationen in aufbereiteter Form:

- Alter und Familienstand der Mitglieder der Unternehmensleitung
- Ausbildung (kaufmännische, technische)
- Branchenerfahrung, Facherfahrung, internationale Erfahrung
- bisherige Erfolge im Marketing

Das Durchschnittsalter der Führungsspitze ist für die Zukunftsfähigkeit eines Unternehmens von erheblicher Bedeutung. Dies ist vor allem auch unter dem Aspekt der gelösten oder ungelösten Nachfolgeregelung zu sehen.

Der Familienstand ist für das BIR interessant, da die Auswertungen bankinterner Statistiken über Kreditschuldner zeigen, dass Unternehmen, die von einem geschiedenen Unternehmer (Gesellschafter) geleitet werden, häufiger insolvent werden als der Durchschnitt.

Eine gute Ausbildung im technischen und kaufmännischen Bereich bildet eine solide Grundlage für eine erfolgreiche Unternehmensführung. Viele Unternehmer haben eine rein technische Ausbildung absolviert. Ihre Unternehmen sind aber in Umsatzgrößen hineingewachsen, die sich ohne entsprechende Managementqualifikationen nicht mehr steuern und führen lassen. Was haben diese Unternehmer unternommen, um die notwendigen Schlüsselqualifikationen in der Unternehmensführung zu erlangen?

Wie umfassend sind die Branchenerfahrung, die Facherfahrung und, falls notwendig, die internationale Erfahrung des Topmanagements? Eine langjährige Erfahrung ermöglicht dem Kreditberater, Rückschlüsse auf die Managementqualitäten der Führungsspitze zu ziehen.

Management

Hat das Topmanagement in der Vergangenheit erfolgreich neue Produkte entwickelt und in den Markt eingeführt? Wie lange haben sich die neuen Produkte im Markt gehalten bzw. sind heute noch präsent? Kann die Geschäftsleitung solche Markterfolge nachweisen, sind auch hier Rückschlüsse auf die Zukunftsfähigkeit des Unternehmens möglich.

Middle-Management

Je nach Unternehmensgröße werden mehr oder weniger Führungskräfte benötigt, die in den einzelnen Funktionsbereichen eingesetzt werden, zum Beispiel IT-Leiter, Controller, Produktions-, Einkaufs-, Vertriebs-, Marketingleiter. Der Bank sollten für ihr BIR über diese Führungskräfte im Unternehmen, die Schlüsselfunktionen erfüllen, in ähnlich detaillierter und aufbereiteter Form wie für das Topmanagement entsprechende Informationen zur Verfügung gestellt werden.

Die folgende Checkliste enthält die wesentlichen Fragen, die der Kreditberater im Zusammenhang mit dem weichen Faktor Management für das BIR geklärt haben möchte:

Checkliste: Faktor Management

- Sind der Gesellschafter- und der Managerkreis identisch?
- Wie hoch ist das Durchschnittsalter der Geschäftsleitung und der Führungskräfte (angemessen und ausgeglichen, zufrieden stellend oder unausgeglichen)?
- Über welche technische und kaufmännische Ausbildung verfügt die Führungsspitze (Meisterprüfung, Universität/Fachhochschule etc.)?
- Über wie viele Jahre Branchen- und/oder Facherfahrung verfügt die Geschäftsleitung (mehr als fünf Jahre, drei bis fünf Jahre, maximal ein Jahr)?

Weiche Faktoren für das Kreditrating

Fortsetzung: Checkliste: Faktor Management

- Wie viele Jahre internationale Erfahrung (falls notwendig) bringt die Geschäftsleitung mit?
- Kann die Geschäftsleitung Erfolge bei der Einführung neuer Produkte bzw. neuer oder geänderter Verfahren (Innovationen) aufweisen?
- Über welche Branchen-, Fach- und internationale Erfahrung verfügen die Führungskräfte?
- Kann sich das Unternehmen mit seiner Organisationsstruktur kurzfristig auf Markt- bzw. Wettbewerbsveränderungen einstellen?
- Existiert ein qualifizierter Beirat/Aufsichtsrat mit Einflussmöglichkeiten?

Unternehmensvision, Leitbild, Corporate Identity (CI)

Für das BIR bedeutet es ein Plus, wenn das Unternehmen über eine Unternehmensvision verfügt. Eine Vision ist eine bildhafte Vorstellung, die den Unternehmenszweck und die Unternehmensziele allen Mitarbeitern, der Öffentlichkeit, insbesondere aber den tatsächlichen und potenziellen Kunden verdeutlicht. Eine solche Unternehmensvision entspringt den Köpfen der Unternehmensspitze (Topmanagement), die sich Fragen wie die folgenden stellt:

- Wie stellen wir uns das Unternehmen im Jahr 2020 vor?
- Verfügen wir über eine bessere Idee als die Konkurrenten?
- Was tun und was können wir am besten?

Eine Unternehmensvision darf aber keinesfalls nur in den Köpfen der Unternehmensspitze existieren, sondern muss an die Mitarbeiter weitergegeben werden. Wenn beispielsweise die Unternehmensspitze für ihr Unternehmen als Vision vor Augen hat, auf ei-

Management

nem bestimmten Gesamtmarkt oder Teilmarkt die Nummer eins zu werden, lässt sich dieses Ziel nur erreichen, wenn sie in der Lage ist, den Glauben an die Machbarkeit weiterzugeben und den Mitarbeitern den Weg zu diesem Ziel zu weisen.

Die Unternehmensvision führt zu einem inhaltlich bestimmten und fixierten Unternehmensleitbild, das die öffentliche Linie zum Ausdruck bringt, die ein Unternehmen gegenüber seinen Marktpartnern, der Öffentlichkeit und den eigenen Mitarbeitern verfolgt.

Das Unternehmensleitbild soll zum Beispiel die Besonderheiten eines Unternehmens und die Wege, die unter Umständen die Konkurrenten nicht gehen und die daher das eigene Unternehmen zu einem besonderen Unternehmen machen, enthalten.

Unternehmen, die ein Unternehmensleitbild formuliert haben, sollten dieses schriftlich fixieren und jedem einzelnen Mitarbeiter zur Verfügung stellen. Diese können dann dem schriftlich fixierten Leitbild entnehmen,

- welches die Grundsätze des Unternehmens sind,
- dass die Grundsätze für jeden einzelnen Mitarbeiter persönlich gelten, und
- welche Vorteile es dem Mitarbeiter bringt, wenn er sich an diesen Unternehmensgrundsätzen orientiert.

Praxis-Tipp:
Liegt ein schriftlich fixiertes Unternehmensleitbild vor, sollte dieses unbedingt dem Kreditberater zur Verfügung gestellt werden.

Ausgehend von und aufbauend auf der Unternehmensvision und dem schriftlich fixierten Unternehmensleitbild entsteht eine Corporate-Identity (CI)-Strategie.

Weiche Faktoren für das Kreditrating

Unter Corporate Identity versteht man die Unternehmenspersönlichkeit bzw. die Unternehmensidentität. Sie ist Original und Ursache, während das Firmenimage, das ein Unternehmen bei seinen Kunden, Marktpartnern und Mitarbeitern aufweist, Abbild und Wirkung der CI ist.

Die CI findet ihren Ausdruck in drei Komponenten:

- Unternehmenserscheinungsbild (Corporate Design)
- Unternehmensverhalten (Corporate Behaviour)
- Unternehmenskommunikation (Corporate Communication)

Eine CI-Strategie erfordert drei Schritte:

- Analyse des Firmenimages
- Mitarbeiterbefragung
- CI-Konzeptentwicklung

Liegen die Ergebnisse einer Analyse des Firmenimages und einer Mitarbeiterbefragung vor, wird eine CI-Strategie in der Regel in einem Workshop erarbeitet, in dem auch ausgewählte Mitarbeiter eingebunden sind.

Fragen zur Formulierung der CI-Strategie

- Wer sind wir?
- Was wollen wir?
- Warum wollen wir es?
- Wer sind unsere Kunden?
- Wer sind unsere Konkurrenten?
- Von wem wollen wir uns positiv abheben?
- Wodurch überleben wir auf lange Sicht?
- Worin besteht unsere Einmaligkeit?
- Worauf können wir stolz sein?

Management

Über das im Rahmen eines solchen Workshops entwickelte CI-Konzept sind sämtliche Mitarbeiter ausführlich zu informieren. Den Mitarbeitern muss auch deutlich werden, wie die Komponenten der CI – Unternehmenserscheinungsbild, Unternehmensverhalten (Führungsstil), Unternehmenskommunikation nach innen und nach außen – aufeinander abgestimmt werden sollen.

Ein Unternehmen, das über eine Unternehmensvision, ein schriftlich fixiertes Unternehmensleitbild und über eine CI-Strategie verfügt, hat damit für das BIR Pluspunkte aufzuweisen, die das Ratingergebnis in Bezug auf den weichen Faktor Management positiv beeinflussen.

Unternehmensstrategie

Eine Unternehmensstrategie erfordert eine strategische Planung. Eine solche strategische Planung verlangt folgende Planungsschritte:

- Analyse der gegenwärtigen und der zukünftigen Situation des Unternehmens und seiner Umwelt (Nachfrageseite, Angebotsseite)
- Festlegung der Ziele (Marketingziele, Positionierung gegenüber Zielgruppen, Konkurrenz)
- Formulierung der Strategien
- Umsetzung der Maßnahmen (Konzeption eines Marketingmix)
- Kontrolle der Zielerreichung

Analyse der gegenwärtigen und der zukünftigen Situation des Unternehmens und seiner Umwelt

Die Analyse und Prognose der Marktsituation eines Unternehmens beginnt mit einer Umweltanalyse und -prognose. Eine solche Analyse hat den Zweck, Ereignisse und Trends, die für die weitere Entwicklung des Unternehmens von großer Bedeutung sind, zu erfassen.

Weiche Faktoren für das Kreditrating

In einem ersten Schritt werden die bedeutendsten mutmaßlichen Entwicklungstrends aus Gesellschaft, Politik, Technologie etc. stichwortartig aufgelistet. Für jeden einzelnen Umwelttrend, zum Beispiel eine weitere Steigerung des Umweltbewusstseins, des Qualitäts- und Gesundheitsbewusstseins der Bevölkerung, wird in einem zweiten Schritt geprüft, welche Bedeutung dieser für das Unternehmen hat bzw. haben könnte.

Festlegung der Ziele

Die Zielentscheidungen im Rahmen der strategischen Planung sind der Führungsspitze vorbehalten. Die Ziele des Gesamtunternehmens sind Leitlinien für sämtliche zu treffenden strategischen Entscheidungen. Geht ein Unternehmen bei der Festlegung seiner Oberziele von einem bewusst offensiv angelegten Anspruchsniveau aus – zum Beispiel eine Verdoppelung des Marktanteils in fünf Jahren – wird dieses hohe Anspruchsniveau auf alle nachgelagerten Führungsebenen durchschlagen.

Die Erarbeitung der strategischen Ziele für das Gesamtunternehmen beinhaltet folgende Teilaufgaben:

- Festlegung des Planungshorizonts
- Festlegung des Zielkatalogs (zum Beispiel könnte sich die Führungsspitze auf folgende strategische Zielgrößen konzentrieren: Marktanteil, Umsatz, Rentabilität, Cashflow)
- Formulierung unternehmerischer Oberziele

Fragt man die Unternehmer vieler mittelständischer Unternehmen, welche unternehmerischen Oberziele sie verfolgen, stößt man häufig auf Unverständnis, oder man erhält die Antwort, dass man sich darüber noch keine Gedanken gemacht habe.

Tatsache aber ist, dass es kein mittelständisches Unternehmen gibt, das nicht nach Zielen wirtschaftet bzw. das sich nicht ein Sys-

Management

tem von unternehmerischen Oberzielen vorangestellt hätte. So verfolgt praktisch jedes mittelständische Unternehmen das Gewinnziel und gleichzeitig das Ziel der Unternehmenssicherung. Damit liegt bereits, ausgesprochen oder unausgesprochen, ein Zielsystem vor.

Unternehmerische Oberziele sind allerdings nur verbal formulierte Leitsätze, die für die Mitarbeiter, insbesondere für das Middle-Management, nicht unmittelbar handlungsbestimmend sein können, da sie viel zu allgemein formuliert sind. Das System der unternehmerischen Oberziele muss daher für die betrieblichen Teilbereiche im Unternehmen konkretisiert werden.

Mögliche unternehmerische Oberziele, die von einem mittelständischen Unternehmer ausgewählt und in einem Zielsystem zusammengefasst werden, können unter anderem sein:

- Gewinnziel
- Umsatzstreben
- Marktanteilsstreben
- Unternehmenssicherung
- Unabhängigkeitsstreben
- Liquiditätsstreben
- Macht- und Prestigestreben

Praxis-Tipp:

Der Unternehmer sollte sich über die von ihm angestrebten unternehmerischen Oberziele klar werden und ein System der Oberziele formulieren, das er seinem Unternehmen voranstellt. Dieses schriftlich fixierte Zielsystem sollte selbstverständlich auch der Bank vorgelegt werden.

Weiche Faktoren für das Kreditrating

Sämtliche Ziele müssen, wenn sie nicht nur für die Geschäftsführung, sondern auch für die Mitarbeiter verbindlich sein sollen, operational formuliert werden. Operational formulieren heißt, die Zieldimensionen zu bestimmen.

Zielinhalt	Erstrebtes Ausmaß	Zeitlicher Bezug
Verringerung der Ausschussquote	um 20 %	innerhalb von drei Monaten
Umsatzsteigerung Produkt A	um 8 %	innerhalb eines halben Jahres

Bestimmung der Zieldimensionen

Praxis-Tipp:

Der Unternehmer sollte seinem Kreditberater für das BIR grundsätzlich operational formulierte Ziele, bei denen die Zieldimensionen bestimmt sind, vorlegen.

Formulierung der Strategien

Unternehmen, die in mehreren Geschäftsfeldern tätig sind, bilden so genannte strategische Geschäftseinheiten (SGEs). SGEs sind abgrenzbare Produkte oder Produktprogramme, die von einer relativ homogenen Kundengruppe (Marktsegment) nachgefragt werden. Im Rahmen der strategischen Planung muss für jedes Geschäftsfeld die jeweilige Ist-Situation analysiert werden. Zu diesem Zweck wird vor allem die Portfolioanalyse eingesetzt, die sich als das wichtigste und bekannteste Instrument der strategischen Planung durchgesetzt hat.

Die Portfolioanalyse beurteilt die SGEs anhand der Kriterien Marktwachstum (Marktattraktivität) und relativer Marktanteil.

Unter Marktwachstum ist das Wachstum des Gesamtmarktes zu verstehen, also ein externer Faktor. Um das Marktwachstum einer

Management

SGE (Produkt) bestimmen zu können, muss eine Chancen-Gefahren-Analyse durchgeführt werden. Mit dieser sollen alle jene Faktoren untersucht werden, die die SGE von außen beeinflussen.

In einem ersten Schritt sind alle für die Chancen-Gefahren-Analyse erforderlichen Kriterien oder Beobachtungsbereiche aus Umwelt und Markt festzulegen, wie sie zum Beispiel der folgende Kriterienkatalog enthält:

Kriterienkatalog für die Chancen-Gefahren-Analyse zur Bestimmung des Marktwachstums einer SGE

Marktvolumen des Produkts
- Absolutes Marktvolumen in EUR
- Marktvolumen in % des gesamten Umsatzes im Markt
- Einstellung der Konsumenten gegenüber dem Produkt

Zukunftschancen des Produkts
- Konsumentenpräferenzen bzw. -trends bezüglich des Produkts
- Konsumentenpräferenzen bzw. -trends bezüglich des Produktnutzens
- Nachfrageentwicklung

Ertragspotenzial des Produkts
- Deckungsbeitrag in % vom Umsatz
- Kosten

Konkurrenzintensität
- Bezeichnung der Hauptkonkurrenten
- Marktanteil der Hauptkonkurrenten
- Strategien und Investitionsvorhaben der Konkurrenten
- Aggressivität und Risikofreudigkeit bestehender und neuer Konkurrenten
- Vorhandene bzw. sich abzeichnende Kooperationen, Kartelle, Akquisitionen, Fusionen

Weiche Faktoren für das Kreditrating

In einem zweiten Schritt sind die bedeutendsten Chancen und Gefahren aufgrund der tatsächlichen oder mutmaßlichen Entwicklung der einzelnen Kriterien bzw. Beobachtungsbereiche stichwortartig zu beschreiben.

In einem dritten Schritt sind die zu jedem Kriterium ermittelten Konsequenzen für die betroffenen SGEs (Produkte) zu klassifizieren. Dabei hat sich in der Praxis folgendes Bewertungsschema bewährt:

```
0 = existenzielle Bedrohung
1 = leichte Gefahr
2 = keine signifikante Gefahr oder Chance
3 = leichte Chance
4 = große Chance
```

Der vierte und letzte Schritt der Chancen- und Gefahren-Analyse besteht in der Quantifizierung der aufgelisteten Chancen und Gefahren und deren Summierung in einer einzigen Kennzahl: dem „Marktwachstum" (Gesamtgewicht: 25 Punkte, zu verteilen auf die Hauptkriterien des Kriterienkatalogs). Dieser Wert, der zwischen null und hundert liegt, wird zur Positionierung der SGE (Produkt) verwendet.

Nach der Chancen-Gefahren-Analyse ist die Stärken-Schwächen-Analyse durchzuführen. Diese ermittelt die unter Konkurrenzgesichtspunkten bedeutendsten Leistungs- und Erfolgskriterien der jeweils untersuchten SGEs in einer internen Analyse und vergleicht sie mit jenen der wichtigsten Konkurrenten.

Die Stärken-Schwächen-Analyse führt zum relativen Marktanteil der untersuchten SGE (Produkt). Im Rahmen der Stärken-Schwächen-Analyse lassen sich konkrete Stärken und Schwächen der SGEs feststellen, denen bei der Formulierung von Zielen und Strategien entsprechend Rechnung getragen werden muss.

Management

Der folgende Kriterienkatalog ist ein Beispiel für eine Stärken-Schwächen-Analyse zur Bestimmung des relativen Marktanteils der SGEs (Produkte).

Kriterienkatalog für die Stärken-Schwächen-Analyse zur Bestimmung des relativen Marktanteils einer SGE

Marktposition
- Marktanteil in % vom Marktvolumen
- Umsatz in EUR
- Deckungsbeitrag in EUR

Marketingstärke
- Preis-Leistungs-Stärke
- Produktqualität
- Marktbearbeitungsstärke (Werbung, Verkaufsförderung, Service)
- Produktimage

Logistische Stärke
- Organisation der Warenbereitstellung und -auslieferung sowie des Transports
- Lagerkapazitäten und Kosten
- Automatisierungsgrad der Logistik

Personelle Stärke
- Fachkompetenz der Mitarbeiter
- Kundenorientierung
- Personalschulung

Das Vorgehen bei der Stärken-Schwächen-Analyse ist identisch mit dem bei der Chancen-Gefahren-Analyse und vollzieht sich ebenfalls in vier Schritten:

Weiche Faktoren für das Kreditrating

- In einem ersten Schritt muss geklärt werden, über welche Kriterien (= Erfolgsfaktoren) die Stärken-Schwächen-Analyse Auskunft geben soll.

- In einem zweiten Schritt sind die Stärken und Schwächen der SGE im Vergleich zu den Hauptkonkurrenten zu ermitteln und stichwortartig zu umschreiben. Hierbei hat es sich bewährt, bei einer bekannten Schwäche auch die korrespondierende Stärke des Hauptkonkurrenten schriftlich festzuhalten.

- In einem dritten Schritt sind die verbal umschriebenen Stärken und Schwächen nach derselben Methode wie bei der Chancen-Gefahren-Analyse zu klassifizieren:

> 0 = eindeutig schwächer als die Hauptkonkurrenten
>
> 1 = leicht schwächer als die Hauptkonkurrenten
>
> 2 = gleich stark wie die Hauptkonkurrenten
>
> 3 = leicht stärker als die Hauptkonkurrenten
>
> 4 = eindeutig stärker als die Hauptkonkurrenten

- Der vierte Schritt besteht wiederum in der Quantifizierung der erkannten Stärken und Schwächen und in deren Summierung zu einer einzigen Zahl „Relativer Marktanteil" der SGE (Gesamtgewicht: 25 Punkte, zu verteilen auf die Hauptkriterien des Kriterienkatalogs). Auch dieser Wert liegt zwischen null und hundert und wird zur Positionierung der SGE verwendet.

Der Faktor Marktwachstum der SGE als Ergebnis der Chancen-Gefahren-Analyse und der Faktor „Relativer Marktanteil" der SGE als Ergebnis der Stärken-Schwächen-Analyse werden in eine Portfoliomatrix eingetragen, die wie folgt aussehen kann:

Management

	Stars	Nachwuchsprodukte (Question Marks)	
hoch	★	?	Verkaufen
niedrig	Cash-Kühe (Cash Cows)	Faule Hunde (Poor Dogs)	Liquidieren
	groß	klein	relativer Marktanteil

Marktwachstum

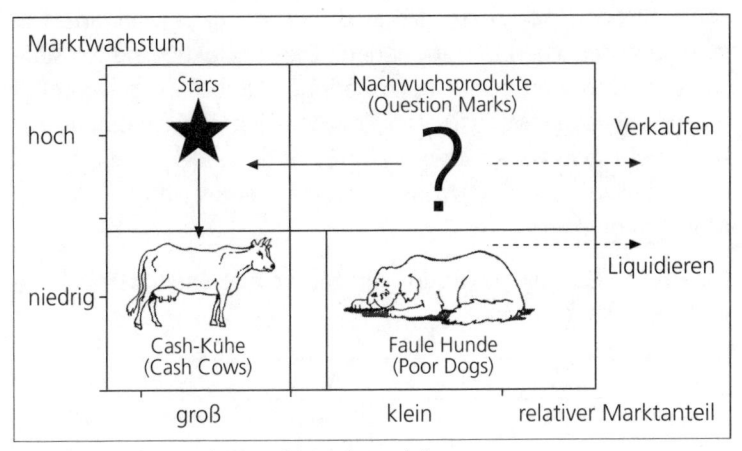

Klassifikation der Quadranten des Marktportfolios

Fragezeichen (Question Marks): Hierunter versteht man Nachwuchsprodukte mit einem geringen Marktanteil, die sich auf stark wachsenden Märkten bewegen. Sie werfen nur geringe Gewinne ab, da die Marktinvestitionen zur Erreichung einer stärkeren Marktanteilsstellung hoch sind. Diese Produkte sind unter Umständen die Stars der Zukunft.

Stars: Sie sind Marktführer in stark wachsenden Märkten. Diese Produkte werfen in der Regel hohe Erträge ab. In die Stars werden noch finanzielle Mittel investiert. Sie bewegen sich im Produktlebenszyklus auf einem hohen Niveau.

Cash-Kühe (Cash Cows): Die Cash-Kühe-Position signalisiert einen hohen Marktanteil, aber ein niedriges Marktwachstum. Es werden Erträge erwirtschaftet, größere Investitionen in die Cash-Kühe-Produkte unterbleiben jedoch. Gründe dafür können sein, dass das Produkt bereits eine gute Marktposition hat und/oder der Gesamtmarkt nicht mehr wächst.

Erträge der Cash-Kühe-Produkte werden für die Finanzierung von Stars und/oder Nachwuchsprodukten (Question Marks) zur Verfügung gestellt.

Weiche Faktoren für das Kreditrating

Faule Hunde (Poor Dogs): Sie sind bei geringem Marktanteil in stagnierenden Märkten zu finden. Die Produkte sind umsatzschwach und werfen nur noch geringe Erträge ab, gelegentlich machen sie sogar Verluste. Der Lebenszyklus dieser Produkte hat bereits ein spätes Stadium erreicht. Es ist entweder an einen neuen Stapellauf (Relaunch) oder an eine Herausnahme aus dem Markt zu denken.

Die Boston Consulting Group sieht für die einzelnen SGEs folgende Normstrategien vor:

ausbauen	Question Marks	Vergrößerung des Marktanteils
erhalten	Stars	Erhaltung der Stellung der SGE
ernten	Cash Cows	Abzug von Gewinnen, ohne auf mittelfristige Auswirkungen Rücksicht zu nehmen
eliminieren	Poor Dogs	Aufgabe der SGE

Normstrategien für einzelne SGEs

Für die Positionierung von SGEs (Produkte) werden unter anderem noch folgende Normstrategien vorgeschlagen:

Profilierungsstrategie: Mit einer solchen Strategie strebt das Unternehmen für eine SGE, zum Beispiel eine Marke, eine Alleinstellung in einem bestimmten Markt an.

Imitationsstrategie: Bei der Imitationsstrategie soll eine SGE (Produkt) in die Nähe eines am Markt erfolgreichen Konkurrenzerzeugnisses platziert werden. Man spricht in diesem Zusammenhang von einer „me-too-Position".

Repositionierung: Eine Repositionierung hat zum Ziel, die Distanz zwischen einer Marke (SGE) und der Merkmalswunschkombination der ins Auge gefassten Zielgruppe zu vermindern.

Restrukturierungsstrategie: Diese Strategie ist darauf angelegt, durch produkt-, preis- und kommunikationspolitische Aktionen die

Management

relevanten Beurteilungsdimensionen der Kunden mittel- und langfristig zu verändern. Eine solche Restrukturierungsstrategie verfolgen zum Beispiel Nahrungsmittelhersteller, die die Dimension Gesundheit in der Nachfragepsyche verankern wollen.

> **Praxis-Tipp:**
>
> Verfügt das Management über eine Unternehmensstrategie, sollte sie diese dem Kreditberater in aller Ausführlichkeit darstellen.

Auf das Gespräch mit dem Kreditberater zu diesem wichtigen Thema kann sich das Management mit Hilfe folgender Checkliste vorbereiten:

Checkliste: Unternehmensstrategie

- Wird im Unternehmen strategisch geplant?
- Kennt das Unternehmen aufgrund seiner strategischen Planung die bedeutendsten Herausforderungen und Probleme, die vom Markt her wirksam werden?
- Wird im Unternehmen die Portfolioanalyse als Instrument der strategischen Planung eingesetzt?
- Wird eine Chancen-Gefahren-Analyse durchgeführt?
- Wird eine Stärken-Schwächen-Analyse durchgeführt?
- Wird eine Portfoliomatrix erstellt?
- Werden von dem Unternehmen Normstrategien verfolgt, wie Profilierungsstrategie, Imitationsstrategie, Repositionierungsstrategie, Restrukturierungsstrategie?
- In welchem Ausmaß ist das Unternehmen von Schlüsselkunden abhängig (geringe, mittlere oder starke Abhängigkeit)?
- In welchem Ausmaß ist das Unternehmen von bestimmten Lieferanten abhängig (geringe, mittlere oder starke Abhängigkeit)?

Weiche Faktoren für das Kreditrating

Umsetzung der Maßnahmen und Kontrolle der Zielerreichung

Die Umsetzung der Strategien erfolgt vor allem durch die Entwicklung eines Marketingmix, auf den bei der Diskussion der Marktfaktoren in detaillierter Art und Weise eingegangen wird.

Die Kontrolle der strategischen Planung wird unter dem weichen Faktor Controlling behandelt.

Nachfolgeregelung

Mangelnde Vorkehrungen im Bereich der Unternehmensnachfolge sind nach den Erkenntnissen der Insolvenzursachenforschung ein wesentlicher Grund für die Krisenanfälligkeit bzw. Insolvenzanfälligkeit von Unternehmen. Fast jede fünfte Unternehmensnachfolge gilt in Deutschland als nicht gesichert. Dabei sind insbesondere jene Unternehmen betroffen, die unmittelbar nach Kriegsende gegründet wurden.

Bei Familienunternehmen sind häufig familiäre Streitigkeiten der Anlass für fehlende bzw. außer Kraft gesetzte Nachfolgeregelungen. Dies erklärt die große Bedeutung, die im Rahmen des BIR mit 5,6 % Gesamtgewicht der Unternehmensnachfolge zugemessen wird.

Sind Kinder des Unternehmers als Nachfolger für die Geschäftsleitung vorgesehen, sollte der Bank für ihr BIR deren beruflicher Werdegang dargestellt werden. Arbeiten die Kinder bereits heute entweder auf Vollzeitbasis oder auf Teilzeitbasis in dem Unternehmen mit, sollte der Bank mitgeteilt werden, welche eventuellen Führungsaufgaben ihnen zugeordnet wurden. Liegen schon Verträge über die Nachfolgeregelung der Geschäftsleitung vor, sollten diese der Bank zur Verfügung gestellt werden.

Eine Analyse der Nachfolgeregelung im Rahmen des BIR schließt die Führungskräfte mit ein.

Produktion

Beispiel:

> Ein Unternehmen ist heute nur dann erfolgreich zu führen, wenn die Betriebsprozesse und -abläufe umfassend und in überzeugender Weise durch die Informationstechnologie unterstützt werden. Hierzu wird meistens ein leitender Mitarbeiter mit dem entsprechenden Know-how benötigt. Ist diese Führungskraft langfristig an das Unternehmen gebunden? Wenn nicht, steht ein kompetenter Nachfolger, eventuell dessen bisheriger Stellvertreter bereit?

Fehlende Nachfolgeregelungen in Bezug auf das Schlüsselpersonal (Führungskräfte) können das Ratingergebnis des Unternehmens negativ beeinflussen.

Praxis-Tipp:

Jeder Unternehmer sollte sich zur Nachfolgeregelung folgende Fragen stellen: Wie sind im Unternehmen die Nachfolge und die Vertretungen für die Geschäftsleitung und für alle Führungskräfte geregelt? Existieren Nachfolge- und Vertretungsregelungen nur für einzelne Schlüsselpositionen? Sind Nachfolge und Vertretungen überhaupt nur teilweise geregelt oder gibt es ein schlüssiges Nachfolgekonzept?

4. Produktion

Bei einem Produktionsbetrieb analysiert das BIR insbesondere den weichen Faktor Produktion. In Anlehnung an das Handbuch (Leitfaden), das dem Kreditberater zur Verfügung steht, befasst sich dieser im Zusammenhang mit der Produktion mit folgenden Fragen und Zusammenhängen:

Technische Ausstattung: Der Kreditberater informiert sich über die technische Ausstattung des Unternehmens. Er fragt nach dem An-

Weiche Faktoren für das Kreditrating

lagenabnutzungsgrad des Produktionsapparates. Hierzu setzt er in der Regel folgende Kennzahl ein:

> (Kumulierte Abschreibungen auf Sachanlagen): (Summe der historischen Anschaffungs-/Herstellungskosten einschließlich Zugänge) x 100 = Anlagenabnutzungsgrad des laufenden Geschäftsjahres.

Um diese Kennzahl bilden zu können, ist das Anlagengitter (§ 268 Abs. 2 HGB) heranzuziehen. Dieses enthält sowohl die bis zum Bilanzstichtag aufgelaufenen Abschreibungen (kumulierte Abschreibungen) auf das Sachanlagevermögen als auch in Spalte 1 die historischen Anschaffungs- bzw. Herstellungskosten der Anlagegüter im Sachanlagevermögen (hierunter sind die Anschaffungs- bzw. Herstellungskosten sämtlicher Sachanlagegüter zu verstehen, die sich am Bilanzstichtag im Betriebsvermögen befinden; diese Sachanlagegüter haben bei der Anschaffung oder Herstellung nur einmal gekostet).

Die Kennzahl „Anlagenabnutzungsgrad" signalisiert dem Kreditberater, wie es um den technischen Stand und die Modernität der Produktionsanlagen des Unternehmens bestellt ist. Beträgt beispielsweise der Kennzahlenwert 83,4 %, bedeutet dies, dass die Sachanlagen bis zum Bilanzstichtag zu 83,4 % abgeschrieben sind. Der Kreditberater erkennt, dass das analysierte Unternehmen in naher Zukunft Erweiterungs- und Ersatzinvestitionen durchführen muss, um seinen Produktionsapparat wieder auf den neuesten Stand zu bringen und Anschluss an die Innovationsentwicklung zu halten. Er wird davon ausgehen, dass bei dem Unternehmen ein Investitionsstau vorliegt. Ein hoher Anlagenabnutzungsgrad weist darauf hin, dass das Unternehmen unter Umständen erhebliche finanzielle Mittel aufbringen muss, um dringend notwendige Ersatz- und/oder Erweiterungsinvestitionen durchführen zu können. Dadurch kann sich eine starke Anspannung in der Liquiditätssituation dieses Unternehmens ergeben.

Produktion

Der Kreditberater wird zur Charakterisierung der technischen Ausstattung bzw. des Innovationsgrades des Unternehmens auch nach dem Anteil der Produktionsanlagen fragen, die jeweils dem neuesten technischen Stand entsprechen. Für ein Unternehmen, das als innovationsfreudig gelten möchte, sollte dieser Anteil möglichst über 50 % liegen.

Integrationsgrad von Fertigung, Beschaffung und Verwaltung: Der Kreditberater fragt nach dem Integrationsgrad von Fertigung, Beschaffung und Verwaltung. Liegt eine vollständige, durchgängige Steuerung und Integration vor oder sind die einzelnen Funktionsbereiche entkoppelt und nicht integriert?

Produktivitäts- und Wirtschaftlichkeitsentwicklung der Produktionsprozesse: Der Kreditberater informiert sich über die Produktivitäts- und Wirtschaftlichkeitsentwicklung der Produktionsprozesse. Er fragt zum Beispiel nach der Entwicklung der Materialproduktivität (erzeugte Menge: Materialeinsatz = Materialproduktivität) und der Betriebsmittelproduktivität (erzeugte Menge: Maschinenstunden = Betriebsmittelproduktivität) in den letzten drei Jahren. Konnte die Produktivität jeweils gesteigert werden oder ist sie gar rückläufig? Zur Wirtschaftlichkeit fragt der Kreditberater zum Beispiel nach der Entwicklung der Durchlaufzeiten in dem Unternehmen. Konnten diese verringert werden oder sind sie angestiegen?

Entwicklung der Ausschuss-, Fehler- und Nachbearbeitungsquote: Der Kreditberater informiert sich über die Entwicklung der durchschnittlichen Ausschuss-, Fehler- und Nachbearbeitungsquote in den letzten drei Jahren. Dabei interessiert insbesondere die Höhe der Quoten und deren durchschnittliche Senkung im Zeitablauf.

Qualitätssicherungssystem: Der Kreditberater informiert sich darüber, ob das Unternehmen über ein Qualitätssicherungssystem zur Überwachung der eigenen Produktqualität verfügt.

Kapazitätsauslastung und Auftragslage: Der Kreditberater fragt nach der Kapazitätsauslastung und nach der Auftragslage.

Weiche Faktoren für das Kreditrating

Beschaffungspolitik: Der Kreditberater informiert sich über die Beschaffungspolitik des Unternehmens. Wie systematisch erfolgt die Lieferantenauswahl? Wird eine ABC-Analyse durchgeführt? Besteht eventuell eine Abhängigkeit von bestimmten Lieferanten? Welche Risiken können daraus entstehen? Besteht für das Unternehmen bei der Verfügbarkeit und der Preisentwicklung von Rohstoffen eine hinreichende planerische Sicherheit?

Patente/Lizenzen: Der Kreditberater informiert sich darüber, ob das Unternehmen die für die Produktion erforderlichen Patente und Lizenzen im Eigentum hat, bzw., ob eine uneingeschränkte und einwandfreie Nutzungsmöglichkeit gegeben ist.

Umweltrisiken: Der Kreditberater fragt auch, ob Umweltrisiken bestehen und wie das Unternehmen diese überwacht, gegebenenfalls auffängt oder zumindest mildert.

Mit der folgenden Checkliste kann sich der Manager auf die Fragen des Kreditberaters bzw. auf das Kreditgespräch im Zusammenhang mit dem weichen Faktor Produktion vorbereiten:

Checkliste: Faktor Produktion

- Wie hoch ist der Anlagenabnutzungsgrad des Sachanlagevermögens?
- Wie hoch ist der Anteil der Betriebsmittel der neuesten Generation (mehr als 50 %, unter 30 %, unter 10 %)?
- Wie hoch ist der Integrationsgrad von Fertigung, Beschaffung und Verwaltung?
- Wie haben sich die Materialproduktivität, Betriebsmittelproduktivität und die Wirtschaftlichkeit (Durchlaufzeiten) in den letzten zwei bis drei Jahren entwickelt?
- Wie hat sich die durchschnittliche Ausfall-, Fehler- und Nachbearbeitungsquote in den letzten zwei bis drei Jahren entwickelt?

Fortsetzung: Checkliste: Faktor Produktion

- Verfügt das Unternehmen über ein Qualitätssicherungssystem?
- Wie ist die Beschaffungspolitik des Unternehmens zu beurteilen?
- Verfügt das Unternehmen über die für seine Produkte erforderlichen Patente und Lizenzen im Eigentum?
- Wenn nicht im Eigentum, ist eine uneingeschränkte und einwandfreie Nutzungsmöglichkeit gegeben?
- Wie hoch ist die Kapazitätsauslastung der Produktion?
- Wie hoch ist der aktuelle Auftragsbestand? (Entwicklung im Vergleich zum Vorjahr)
- Bestehen Umweltrisiken und wie versucht sich das Unternehmen dagegen abzusichern?

5. Personal

Erfolgreiche Manager wissen: Nur motivierte Mitarbeiter sichern den Unternehmenserfolg. Motivierte Mitarbeiter bekommt man nur dann, wenn in dem Unternehmen auf kooperativer Grundlage geführt wird. Eine kooperative Führung stellt folgende Anforderungen an die Vorgesetzten:

- Bereitschaft zur Zusammenarbeit mit Mitarbeitern
- Bereitschaft zur Mitarbeitermotivation
- Bereitschaft zur Delegation von Aufgaben und Verantwortung
- Bereitschaft zur aktiven Beteiligung am Entscheidungsprozess
- Bereitschaft zum Informationsaustausch

Weiche Faktoren für das Kreditrating

- Offenheit gegenüber sachlicher Kritik
- Bemühungen um die Akzeptanz eigener Entscheidungen
- Bereitschaft zum Ausgleich individueller und betrieblicher Interessen
- Bereitschaft zur individuellen Förderung der Mitarbeiter

Ein wirksames Instrument, Mitarbeiter zu motivieren, ist die Mitarbeiterführung durch Zielvorgaben (Management by Objectives). Zielvereinbarungen, die dem Können der Mitarbeiter angepasst sind, spornen diese zu Höchstleistungen an. Wenn das Management eine solche Führung nach mit den Mitarbeitern vereinbarten Leistungszielen praktiziert, sollte diese Methodik dem Kreditberater erläutert werden.

Selbstverständlich sollte das Management die modernen personalwirtschaftlichen Instrumente einsetzen. Hierzu zählt in erster Linie eine umfassende und effektive Personalplanung. Diese beinhaltet die folgenden Aufgabengebiete:

- Personalbedarfsplanung
- Personaleinsatzplanung
- Aus-, Weiter- und Fortbildungsplanung

Personalbedarfsplanung

Die Personalbedarfsplanung ist langfristig angelegt und soll vorausschauend eine Versorgung des Unternehmens mit in qualitativer und quantitativer Hinsicht geeignetem Personal sicherstellen. Sie ist ein integraler Bestandteil der langfristigen Unternehmensplanung.

Für die Personalbedarfsplanung (zum Beispiel Planungshorizont fünf Jahre) kann das folgende Schema Anwendung finden:

Personal

> *Personalbedarfsplan für t_0 bis t_x*
>
> Geschätzter Personalbedarf im Zeitpunkt t_x
> - Bestand im Zeitpunkt t_0
> + Abgang im Zeitraum t_0 bis t_x
>   sichere Abgänge (zum Beispiel Ruhestand)
>   statistisch zu ermittelnde Erfahrungswerte (zum Beispiel Kündigungen durch Arbeitnehmer)
>   Abgänge aus Auswirkungen getroffener Personalentscheidungen (zum Beispiel Versetzungen)
> - bereits feststehende Zugänge im Zeitraum t_0 bis t_x (zum Beispiel vertragliche Verpflichtungen)
> = zu beschaffende Arbeitskräfte bis zum Zeitpunkt t_x

Der Personalbedarfsplan enthält auch die erforderlichen Angaben über die Altersstruktur und die Fluktuation der Mitarbeiter.

Es ist darauf hinzuweisen, dass der Personalbedarfsplan nicht ausschließlich als quantitative Größe gesehen werden darf. Der Personalbedarf hat vielmehr auch eine qualitative Dimension.

Personaleinsatzplanung

Im Gegensatz zur Personalbedarfsplanung ist die Personaleinsatzplanung kurzfristig angelegt. Sie beinhaltet die Einordnung der Mitarbeiter in den betrieblichen Leistungsvollzug unter der Zielsetzung eines quantitativ und qualitativ optimalen Einsatzes im Betriebsprozess.

Für die Personaleinsatzplanung stehen in vielen Fällen geeignete Softwarelösungen als Planungsinstrumente zur Verfügung, über die der Kreditberater selbstverständlich informiert werden sollte.

Weiche Faktoren für das Kreditrating

Aus-, Weiter- und Fortbildungsplanung

Um über gute Mitarbeiter verfügen zu können, ist es unerlässlich, Personalentwicklung zu betreiben. Auch hierfür gibt es bereits zahlreiche Softwarelösungen.

Für die Ausbildungsplanung sind die Zielgruppen abzugrenzen, auf die die Ausbildungs-, Weiter- und Fortbildungsmaßnahmen abzustimmen sind:

- Auszubildende
- untere Führungskräfte (zum Beispiel Meister)
- Nachwuchskräfte für das mittlere Management
- Nachwuchskräfte für das gehobene Management

Für diese Zielgruppen gilt es, adäquate Ausbildungsprogramme zu entwerfen. Hierfür wird heute in verstärktem Maße das E-Learning eingesetzt.

Entlohnungssysteme

Ein zentraler Punkt der Personalpolitik ist eine leistungsgerechte Entlohnung. Hier steht neben dem Zeitlohn als die wesentliche Entlohnungsform auch eine Leistungsentlohnung (Prämienentlohnung) zur Verfügung. Zeitlohn und Leistungsentlohnung werden häufig miteinander kombiniert, zum Beispiel bei Außendienstmitarbeitern.

> **Praxis-Tipp:**
>
> Dem Kreditberater sollte ein eventuell vorhandenes Leistungsentlohnungssystem erläutert werden. Es zeigt, dass das Unternehmen bei der Entlohnung der Mitarbeiter flexibel vorgeht und Ertrags- und Leistungsziele im Auge hat.

Werden Führungskräfte am Ergebnis beteiligt (Management by Results), sollten dem Kreditberater die Berechnungsgrundlagen aufgezeigt werden.

Controlling

Mit folgender Checkliste kann sich das Management für das Kreditgespräch mit der Bank zu dem Thema Personal vorbereiten:

> **Checkliste: Faktor Personal**
>
> - Wird von dem Management ein kooperativer Führungsstil praktiziert?
> - Wird eine effektive Personalplanung (Personalbedarfsplanung, Personaleinsatzplanung, Aus- und Weiterbildungsplanung) durchgeführt?
> - Wie sieht die Verteilung der Altersklassen der Belegschaft aus (angemessen und ausgeglichen, unausgeglichen)?
> - Wie hoch ist die Fluktuationsrate im Unternehmen (gering, mittel, hoch)?
> - Inwieweit entspricht die Fachkompetenz der Mitarbeiter den Anforderungen heute und in der Zukunft (in hohem Umfang oder große Defizite)?
> - Werden mit den Mitarbeitern Ziele vereinbart?
> - In welchem Umfang wird Leistung der Mitarbeiter im Entgeltsystem berücksichtigt (regelmäßige Prämienentlohnung, individuelle Prämien, Ergebnisbeteiligung)?
> - Ist das Unternehmen von Schlüsselpersonen abhängig (gering, mittel, stark)?
> - Ist das Management in der Lage, neue Mitarbeiter, insbesondere Leistungsträger, schnell und ohne Probleme zu gewinnen?

6. Controlling

Controlling ist ein Informations- und Führungskonzept für das ganze Unternehmen. Es hat dem Manager Entscheidungs- und Führungshilfen für die ergebnisorientierte Planung, Steuerung und

Weiche Faktoren für das Kreditrating

Kontrolle des Unternehmens zu liefern. Dabei werden von dem Controlling alle Unternehmensbereiche (Beschaffung, Fertigung, Lagerung, Absatz, Vertrieb, Verwaltung) und alle Unternehmensebenen erfasst.

Controlling ist für Mittelstandsunternehmen genauso wichtig wie für Großunternehmen und Konzerne. Im Mittelstandsbetrieb ist das Controlling häufig nur buchhaltungsorientiert – aber das reicht auf keinen Fall aus. Controlling soll das Management der Mittelstandsunternehmen von dem traditionellen reinen Umsatzdenken weg und zu einem ergebnisorientierten Denken und Handeln hinführen.

Der weiche Faktor Controlling ist für das BIR deswegen so wichtig, weil die Banken aufgrund ihrer langjährigen Erfahrung wissen, dass die Ursachen für Unternehmenskrisen häufig im mangelhaften Rechnungswesen bzw. im fehlenden Controlling zu suchen sind. Dies bestätigt auch die Insolvenzursachenforschung. Werden dem Management über ein effizientes Controlling keine aktuellen Steuerungsinformationen geliefert, kann es in vielen Fällen die Ursachen für eine Verschlechterung der Unternehmenssituation überhaupt nicht erkennen. Wo soll dann das Management mit den notwendigen Sanierungsbemühungen ansetzen?

Das Controlling, wenn es diese Bezeichnung in solchen Fällen überhaupt verdient, erschöpft sich in vielen mittelständischen Unternehmen im Jahresabschluss. Ein wirksames Controlling hat aber deutlich mehr Ziele zu erfüllen als nur die Dokumentation der Geschäftsvorfälle nach Handels- und Steuerrecht.

Controlling als Informations- und Führungskonzept setzt im Idealfall folgende vier Instrumente ein:

- Planungsinstrumente (zum Beispiel strategische Planung, Plankostenrechnung)

- Informationsinstrumente (zum Beispiel Berichte für die einzelnen Unternehmensbereiche wie Fertigung oder Vertrieb)

Controlling

- Kontrollinstrumente (zum Beispiel Unternehmensanalyse, Abbildung des Betriebsgeschehens für Kalkulationszwecke etc.)

- Steuerungsinstrumente (Bereitstellung von Steuerungsinformationen für die Führungskräfte, Kommunikation von Zielen und Plänen und dadurch Ausrichtung des gesamten Managements und der Mitarbeiter auf die Unternehmensziele)

Die Kreditberater gehen bei der Beurteilung der Qualität des Controllings eines Unternehmens für das BIR wie folgt vor:

Jahresabschluss und BWA

Die Bank sieht in einem zeitnah und ordnungsgemäß aufgestellten Jahresabschluss ein Indiz für ein funktionierendes Rechnungswesen. Werden die Jahresabschlüsse hingegen erst verspätet oder gar unrichtig aufgestellt, wertet dies der Kreditberater als ein deutliches Zeichen, dass das Unternehmen Probleme mit der Buchhaltung hat. Der Kreditberater soll in einem solchen Fall bei dem anstehenden Kreditgespräch nach den Ursachen forschen, die zum Beispiel auf fehlende buchhalterische Kenntnisse der Mitarbeiter oder auf einen Personalmangel zurückgeführt werden können.

Vielen kleinen und mittleren Unternehmen steht als kurzfristige Erfolgsrechnung nur die betriebswirtschaftliche Auswertung (BWA) der DATEV zur Verfügung: eine monatliche Erfolgsrechnung auf Vollkostenbasis. Dabei gibt es eine Standard-BWA, die um zusätzliche Auswertungen erweitert und ergänzt werden kann:

- Auswertungen zum betriebswirtschaftlichen Kurzbericht
- BWA-Report
- betriebswirtschaftliche Branchenlösungen

Weiche Faktoren für das Kreditrating

> **Praxis-Tipp:**
> Das Unternehmen kann über seinen Steuerberater bei der DATEV die Informationsbroschüre „Wie liest man die DATEV-BWA?" anfordern, die über die Möglichkeiten einer betriebsindividuellen BWA ausführlich informiert.

In vielen Fällen reicht für eine monatliche Ermittlung des betrieblichen Erfolgs die Standard-BWA keinesfalls aus. Ein wesentlicher Grund, warum bei der Standard-BWA der monatliche Gewinn nicht korrekt ausgewiesen wird, ist die fehlerhafte Errechnung der Rohertragsquote, die bei der Standard-BWA wie folgt ermittelt wird:

```
  Monat März 01
  Umsatzerlöse in EUR
- Wareneinkauf oder Materialeinkauf in EUR
= Rohertrag in EUR
```

Die monatlichen Wareneinkäufe bzw. Materialeinkäufe entsprechen in vielen Fällen keinesfalls dem monatlichen Materialaufwand bzw. Wareneinsatz, da die monatlichen Bestandsveränderungen unberücksichtigt bleiben. Wenn das Unternehmen über keine Materialbuchhaltung bzw. über kein Warenwirtschaftssystem (Großhandel, Einzelhandel) verfügt, kann es den Materialaufwand bzw. Wareneinsatz nicht korrekt ermitteln. Die DATEV bietet diesen Unternehmen den Ausweis des Materialaufwands oder Wareneinsatzes in Prozent von den Umsatzerlösen an.

Dieser Prozentsatz wird aus den rückliegenden Jahresabschlüssen hergeleitet. Wurde zum Beispiel im Durchschnitt der abgelaufenen zwei bis drei Jahre eine durchschnittliche Materialaufwandsquote bzw. Wareneinsatzquote von 55 % des Jahresumsatzes erreicht, kann die monatliche Rohertragsquote durch Anwendung dieses Prozentsatzes wie folgt errechnet werden:

Controlling

> Monat März 01
>
> | | |
> |---|---|
> | Umsatzerlöse, angenommen | 250 000 EUR |
> | Materialeinsatz, Wareneinsatz = 55 % | − 137 500 EUR |
> | Rohertrag | = 112 500 EUR |
>
> Die Rohertragsquote errechnet sich danach wie folgt:
>
> (Rohertrag : Umsatzerlöse) x 100 = Rohertragsquote
>
> (112 500 : 250 000) x 100 = 45 % (Rohertragsquote)

Mit der Materialaufwandsquote bzw. Wareneinsatzquote von 55 % wird Monat für Monat aus den Umsatzerlösen der monatliche Rohertrag errechnet, von dem dann die monatlichen Betriebskosten abgesetzt werden.

Die betriebsindividuelle BWA berücksichtigt darüber hinaus auch die monatlichen Abschreibungen, sodass der kurzfristig (monatlich) ausgewiesene Gewinn weitgehend die tatsächliche Ertragsentwicklung wiedergibt.

Bei Unternehmen, die auf verbundene Unternehmen wesentlichen Einfluss ausüben, prüft der Kreditberater, ob die Ertragslage der verbundenen Unternehmen zeitnah überwacht und kontrolliert wird.

Kalkulation/Kostenrechnung

Die Bank erwartet, dass jedes Unternehmen über eine funktionierende Kosten- und Leistungsrechnung verfügt, die die Ergebnisbeiträge von Produktgruppen und einzelnen Produkten, von Kundengruppen und einzelnen Kunden sowie von Unternehmensbereichen ermittelt.

Der Kreditberater soll hierzu untersuchen, ob das Unternehmen über eine Kostenrechnung verfügt, durch die Kostenstellen und

Weiche Faktoren für das Kreditrating

Verantwortungsbereiche (Profitcentern wie Filialen, Werkstätten etc.) zugeordnet werden.

In Bezug auf die Kalkulation fragt der Kreditberater, ob die Kostenrechnung des Unternehmens eine Zuordnung der Kosten auf einzelne Produkte und Produktgruppen, einzelne Kunden und Kundengruppen sowie auf einzelne Aufträge ermöglicht.

Der Kreditberater hat weiter danach zu fragen, ob in dem Unternehmen eine veraltete Vollkostenrechnung oder eine aktuelle Deckungsbeitragsrechnung eingesetzt wird, ob nur eine Istkostenrechnung oder auch bereits eine Plankostenrechnung vorliegt.

In der Kostenrechnung liegen oftmals Mängel vor, die sich ohne viel Aufwand umgehend beseitigen lassen. So kann zum Beispiel die Position 8 in der Gewinn- und Verlustrechnung als Sammelposten umgegliedert werden, um einzelne Kostenarten (Kosten für Werbung, für Telekommunikation etc.) permanent kontrollieren zu können.

Debitorenmanagement

Die Bank legt bei ihrem BIR auf eine einwandfrei funktionierende Debitorenbuchhaltung größten Wert. Hat diese Mängel aufzuweisen, fehlt die Basis für eine effektive Liquiditätssteuerung. So verzögert sich zum Beispiel der Zufluss liquider Mittel, wenn in dem Unternehmen zu spät fakturiert wird, offene Posten nicht nachgefordert werden oder erst verspätet gemahnt wird.

Der Kreditberater untersucht in den Kreditgesprächen bzw. im Rahmen von Betriebsbesichtigungen, ob eine zeitnahe Erfassung der Geschäftsvorfälle gewährleistet ist und die Daten in elektronischer Form für weitere Analysen zur Verfügung stehen.

Um das Mahnwesen beurteilen zu können, soll sich der Kreditberater vom Management den Ablauf des Mahnvorgangs erläutern lassen. Dabei wird auf den Vergleich der Debitorenumschlagsdauer mit den Zahlungszielen des Unternehmens besonderer Wert gelegt: Werden von dem Unternehmen die Zahlungsfristen überwacht?

> **Beispiel:**
>
> Ein Unternehmen weist als Zahlungsziele aus:
>
> Bei Zahlung innerhalb von zehn Tagen werden 2 % Skonto gewährt, bei Zahlung nach zehn Tagen bis 30 Tagen kein Skontoabzug möglich.
>
> Beträgt die Umschlagsdauer der Debitoren beispielsweise 62 Tage, muss dem Kreditberater diese Diskrepanz erläutert werden.

Bei international tätigen Unternehmen fragt der Kreditberater, ob ungedeckte Fremdwährungsrisiken bestehen.

Managementinformationssystem

Zahlreiche Unternehmen verfügen über ein Managementinformationssystem, das für die Steuerung bestimmter Funktionen, Prozesse oder Ressourcen eingesetzt wird. Bestimmte Unternehmen können ohne ein solches Managementinformationssystem überhaupt nicht existieren. So benötigt bereits ein mittleres Groß- oder Einzelhandelsunternehmen unbedingt ein Warenwirtschaftssystem, um ein kundengerechtes Sortiment zusammenstellen zu können, in dem nicht zu viel Kapital gebunden ist.

Bauunternehmen müssen über ein System zur Projektsteuerung, Speditionen über ein Managementinformationssystem verfügen, um ihre Logistikaufgaben erfüllen zu können etc.

Der Kreditberater muss sich die Funktionsweise eines solchen Managementinformationssystems ausführlich erläutern lassen. Er fragt nach exemplarischen Auswertungen und lässt sich die wesentlichen Kennzahlen der mit diesem Managementinformationssystem gewonnenen Informationen klären.

Weiche Faktoren für das Kreditrating

> **Praxis-Tipp:**
> Das Management sollte dem Kreditberater ein bewährtes und erfolgreich praktiziertes Managementinformationssystem unaufgefordert anhand exemplarischer Auswertungen erläutern, damit dieser ein solches effektives Instrument bei der Beurteilung des weichen Faktors Controlling entsprechend würdigt und berücksichtigt.

Planung

Ein Unternehmen, das nicht plant, kann im Rahmen des BIR bei der Beurteilung des weichen Faktors Controlling kaum über Durchschnitt abschneiden. Die Bank geht davon aus, dass dem Management ohne Planung einfach die Basis fehlt, von der aus die erreichten Zahlen und Kennzahlenwerte des Unternehmens beurteilt werden können. Ist zum Beispiel die erreichte Umsatz- oder Gewinnsteigerung positiv oder eher negativ zu sehen? Dies ist nur möglich, wenn die erreichten Zahlen mit den Planzahlen des Unternehmens verglichen werden können. Die Banken sehen es als unabdingbar an, dass für alle Unternehmen, unabhängig von der Unternehmensgröße, mindestens folgende Planungen vorliegen:

- Jahresplanung der Gewinn- und Verlustrechnung und der Bilanz
- Investitionsplanung
- Finanzplanung
- Liquiditätsplanung

Verfügt ein Unternehmen über Planungen, die über diese Mindestanforderungen hinausgehen, sollten diese dem Kreditberater vorgelegt und erläutert werden. So wird zum Beispiel das Ratingergebnis positiv beeinflusst, wenn das Unternehmen eine strategi-

Controlling

sche Mehrjahresplanung (Investitions-, Ertrags- und Finanzplanung) vorweisen kann.

Was die Bank als selbstverständlich voraussetzt und von dem Unternehmen unbedingt erwartet, ist ein Finanzplan für die kommenden zwölf Monate im Voraus. Ein solcher Finanzplan, der in der Regel mit Hilfe des Computers erstellt wird, stellt die monatlichen Ein- und Ausgaben des Unternehmens gegenüber. Abschreibungen bleiben hierbei unberücksichtigt. Durch einen zwölf Monate umfassenden Finanzplan wird das Management schon zu Beginn eines Geschäftsjahres auf in bestimmten Monaten unter Umständen auftretende Finanzierungslücken aufmerksam und kann prüfen, wie diese Lücken geschlossen werden sollen. Eine solche Finanzplanung wirkt sich positiv auf das Kontenverhalten des Unternehmens aus, da zum Beispiel mit der Bank rechtzeitig über eine Erhöhung des eingeräumten Kreditlimits verhandelt werden kann, bevor unkontrollierte Kontenüberziehungen auftreten, die das Ratingergebnis stark negativ beeinflussen können.

Wie exakt das Management geplant hat, lässt sich daraus ablesen, inwieweit die monatlichen Planwerte von den tatsächlich erreichten Istwerten abweichen.

> **Praxis-Tipp:**
>
> Jedes Unternehmen, das über eine solche von den Banken als unabdingbar angesehene monatliche Finanzplanung nicht verfügt, sollte diese umgehend in Angriff nehmen. Es braucht eine bestimmte Vorlaufzeit, bis das Management eine Finanzplanung sicher beherrscht und ohne Probleme handhaben kann.

Hand in Hand mit einer solchen Finanzplanung sollte in jedem Unternehmen ein Cashmanagement eingeführt werden. Ein Cashmanagement dient der Überwachung und Steuerung des Bestandes an

Weiche Faktoren für das Kreditrating

liquiden Mitteln (Bargeld, Sichtguthaben, nicht ausgenutzte Kreditlinien, kurzfristig monetisierbare Finanzanlagen) im Unternehmen.

Der Kreditberater fragt, ob anstehende Investitionsentscheidungen des Unternehmens aufgrund der Liquiditätslage nur in Abhängigkeit von Vollfinanzierungsmöglichkeiten getroffen werden. In diesem Zusammenhang prüft er außerdem, ob es beispielsweise in den letzten beiden Jahren zu Bedienungsstörungen bei Fremdverbindlichkeiten gekommen ist oder diese nur durch neue Kredite verhindert werden konnten.

Zusammenfassende Bewertung des weichen Faktors Controlling

Der Kreditberater bewertet den weichen Faktor „Controlling", genau wie alle anderen weichen Faktoren, anhand einer Ratingskala, der das Schulnotenprinzip von 1 = sehr gut bis 6 = ungenügend zugrunde liegt. Dabei werden sämtliche vorstehend aufgeführten Controllingbereiche bewertet:

Jahresabschluss und BWA	1 ( ) 2 ( ) 3 ( ) 4 ( ) 5 ( ) 6 ( )
Sind die Jahresabschlüsse zeitnah und richtig aufgestellt?	
Ist die Buchführung ordnungsgemäß?	
Wird die Standard-BWA oder eine individuelle BWA verwendet?	
Kalkulation und Kostenrechnung	1 ( ) 2 ( ) 3 ( ) 4 ( ) 5 ( ) 6 ( )
Wird eine Vollkostenrechnung oder eine Teilkostenrechnung praktiziert?	
Existiert eine produktspezifische Vor- und Nachkalkulation?	
Sind die Deckungsbeiträge der Produkte/Produktgruppen, Kunden/Kundengruppen bekannt?	
Existiert ein Kostenmanagement?	

Controlling

Fortsetzung: Bewertung des weichen Faktors Controlling

Debitorenmanagement	1 ( ) 2 ( ) 3 ( ) 4 ( ) 5 ( ) 6 ( )
Sind die Außenstände jederzeit zu ermitteln?	
Stehen die Umschlagsdauer der Forderungen und die eingeräumten Zahlungsziele miteinander im Einklang?	
Ist das Mahnwesen optimal organisiert?	
Existiert ein effizientes Cashmanagement?	
Managementinformationssystem	1 ( ) 2 ( ) 3 ( ) 4 ( ) 5 ( ) 6 ( )
Für welche Funktionen verfügt das Management über ein Managementinformationssystem?	
Wie ist die Qualität des Managementinformationssystems zu beurteilen?	
Liefert das Controlling permanent die erforderlichen Informationen?	
Lässt sich das Management regelmäßig über den Geschäftsverlauf unterrichten?	
Planung	1 ( ) 2 ( ) 3 ( ) 4 ( ) 5 ( ) 6 ( )
Existiert überhaupt eine Planung?	
Für welche Bereiche liegt eine Planung vor?	
Sind die unternehmerischen Entscheidungen (strategische, taktische) an der Planung ausgerichtet?	
Ist der Planungsprozess optimal?	

Bewertung des weichen Faktors „Controlling"

Hat der Kreditberater die einzelnen Controllingbereiche anhand des Schulnotensystems eingestuft, gibt es im Rahmen des BIR zwei Möglichkeiten für die Bewertung des weichen Faktors „Controlling":

Weiche Faktoren für das Kreditrating

- Aus den vorstehenden fünf Noteneinstufungen der einzelnen Controllingbereiche wird das arithmetische Mittel gebildet, mit dem der Faktor Controlling in das Ratingsystem eingeht.

- Der Kreditberater greift zwei bis drei für ihn entscheidend wichtige Controllingbereiche, die er benotet hat, heraus und nimmt diese als Grundlage für die Gesamtbenotung des weichen Faktors Controlling. Diese Gesamtnote wird anschließend in das Ratingsystem eingeführt.

Praxis-Tipp:

Für eine Optimierung des Controllings sollte das Unternehmen dieses auf den Prüfstand stellen, Schwachpunkte aufdecken und, wenn möglich, beseitigen. Fehlende Controllinginstrumente wie etwa eine Finanzplanung sollten umgehend eingeführt werden.

7. Marktfaktoren/Marketing

Jedes Unternehmen steht in einem Wettbewerb und muss sich auf seinem Markt behaupten. Es ist daher logisch, dass im Rahmen des BIR nach der Stellung des Unternehmens im Markt gefragt wird. Unternehmen, die sich in einem schrumpfenden Markt bewegen, ihre Zielgruppen nicht kennen, das falsche Produkt (Produktgruppe) oder Sortiment (Handelsbetrieb) anbieten, einem starken Konkurrenzdruck ausgesetzt sind etc., sind unter Umständen stark krisengefährdet.

Der Kreditberater hat zu den Marktfaktoren und zu dem von dem Unternehmen praktizierten Marketingmix eine ganze Palette von Fragen.

Marktfaktoren/Marketing

Marktvolumen/Marktanteil

Als Erstes wird nach dem Marktvolumen für die Produktkategorie gefragt, die das Unternehmen anbietet. Je nachdem, ob es sich bei dem Unternehmer um einen Konsumgüterhersteller, Investitionsgüterhersteller, Handelsbetrieb oder Dienstleister handelt, wird das Marktvolumen auf unterschiedliche Art und Weise ermittelt.

Viele Konsumgüterhersteller und Handelsbetriebe erfahren das Marktvolumen aus der Sekundärstatistik. So werden beispielsweise von der Betriebswirtschaftlichen Beratungsstelle für den Einzelhandel (BBE), Köln, für über 50 Produktgruppen die Pro-Kopf-Ausgaben in der Bundesrepublik Deutschland ermittelt. Ein Porzellanhersteller beispielsweise weiß, wie viele EUR der deutsche Bundesbürger im Durchschnitt für Geschirrporzellan ausgibt. Er braucht diese Pro-Kopf-Ausgaben nur mit der Gesamtzahl der Bevölkerung in Deutschland zu multiplizieren und kennt damit das Marktvolumen für seine Produkte in der Bundesrepublik Deutschland. Ein Glas/Porzellan/Keramik-Fachgeschäft multipliziert die Pro-Kopf-Ausgaben für Geschirrporzellan mit der Zahl der Bewohner in seinem Einzugsgebiet und kennt damit das Marktvolumen für diese Warengruppe.

Kennt der Manager das Marktvolumen für die von ihm angebotenen Produkte, kann er den Marktanteil seines Unternehmens errechnen.

Der Marktanteil eines Unternehmens kann auf zweifache Art und Weise errechnet werden:

Der Jahresumsatz des Unternehmens wird zum Gesamtumsatzpotenzial eines bestimmten Marktes (Teilmarktes) in Beziehung gesetzt:

$MB = (UB : UV) \times 100$

wobei:

MB = Marktanteil des Unternehmens

UB = Jahresumsatz des Unternehmens

UV = Theoretisches Umsatzpotenzial

Weiche Faktoren für das Kreditrating

Das theoretische Umsatzpotenzial kann wertmäßig errechnet werden (zum Beispiel Zahl der Bewohner x Pro-Kopf-Ausgaben für eine bestimmte Produktgruppe) oder mengenmäßig (zum Beispiel Bierverbrauch in Litern pro Kopf der Bevölkerung x Zahl der Bewohner).

Zweitens kann der Marktanteil als wert- oder mengenmäßiger Umsatzanteil an dem jährlich erzielten oder erzielbaren Umsatz der in einem Absatzgebiet konkurrierenden Gruppe von Unternehmen (Gruppenumsatzpotenzial) ermittelt werden:

MB = (UB : UG) x 100
wobei:
MB = Marktanteil des Unternehmens
UB = Jahresumsatz des Unternehmens
UG = Gruppenumsatzpotenzial

Ein Beispiel ist der Automobilmarkt. Die Autohersteller wissen, wie viele PKWs in Deutschland in einem bestimmten Jahr zugelassen wurden, und können das Gruppenumsatzpotenzial sowohl mengen- als auch wertmäßig ermitteln.

Marktanteile, Marktanteilsentwicklungen und Marktanteilsverschiebungen sind für den Kreditberater sehr wichtig. Er fragt daher grundsätzlich jeden Unternehmer nach dem Marktanteil seines Unternehmens. Dabei interessiert auch, ob das Unternehmen in den rückliegenden Jahren Marktanteile hinzugewonnen hat oder ob welche verloren gegangen sind.

Praxis-Tipp:

Muss der Manager auf Befragen durch den Kreditberater zugeben, dass er den Marktanteil seines Unternehmens überhaupt nicht weiß, stellt dies für das BIR einen erheblichen Schwachpunkt dar. Der Manager sollte sich daher mit der Methodik vertraut machen, die es ihm ermöglicht, den Marktanteil seines Unternehmens zu errechnen.

Marktfaktoren/Marketing

Marktforschung

Für sämtliche Unternehmen gilt das Wort: „Am Anfang steht die Information."

Ohne eine systematische und permanente Informationsgewinnung lassen sich unternehmerische Entscheidungen entweder überhaupt nicht oder nur sehr unsicher treffen.

Das Management muss Informationen sammeln, aufbereiten und auswerten:

- auf der Angebotsseite über Lieferanten und Konkurrenten,
- auf der Nachfrageseite über Konsumenten, Verwender, Kunden.

Hierzu ist Marktforschung erforderlich. Marktforschung umfasst die Beschaffung und die Auswertung von internen und externen Informationen zur Vorbereitung, Durchsetzung und Kontrolle von betrieblichen Entscheidungen (Marketing-, Beschaffungs-, Investitionsentscheidungen).

Ohne Marktforschung gibt es kein Marketing. Der Unternehmer sollte sich daher mit den Möglichkeiten und Techniken der Marktforschung vertraut machen.

Der Manager kann Marktforschung sowohl als Sekundärforschung als auch als Primärforschung betreiben.

Sekundärforschung liegt vor, wenn bereits vorhandene statistische Daten und Unterlagen, die ursprünglich anderen Zwecken dienten, für Zwecke der Marktforschung ausgewertet und verwendet werden.

Primärforschung beinhaltet demgegenüber Untersuchungen, bei denen Informationen speziell für Zwecke der Marktforschung durch neue statistische Erhebungen unmittelbar gewonnen werden. Die wichtigste Methode der Primärforschung ist die Befragung.

Weiche Faktoren für das Kreditrating

Sekundärforschung

In vielen Fällen lässt sich der Informationsbedarf eines mittelständischen Unternehmens mit Hilfe der Sekundärforschung decken. Die Sekundärforschung unterscheidet zwischen internen Informationsquellen (im Betrieb bereits vorhandene Daten) und externen Informationsquellen (auf dem Markt erhältlich).

Innerbetriebliche Quellen für Sekundärdaten sind zum Beispiel Umsatz- und Absatz- sowie Auftragseingangsstatistiken.

Es gibt quasi einen Markt für externe Informationsquellen. Dabei sind diese externen Informationen zum Teil gratis erhältlich, teilweise sind nur geringe Gebühren zu zahlen, und teilweise ist die Nutzung solcher Informationsquellen extrem teuer.

Eine praktisch nicht versiegende externe Informationsquelle bildet das Internet.

Praxis-Tipp:

Wenn das Management eines Unternehmens Sekundärforschung mit Hilfe interner und externer Informationsquellen betreibt, sollte dies dem Kreditberater anhand konkreter Beispiele mitgeteilt werden. Es belegt, dass das Management ständig bemüht ist, sich über den Markt, in dem sein Unternehmen tätig ist, so objektiv wie möglich zu informieren. Der Kreditberater gewinnt damit den Eindruck, dass hier nicht am Markt vorbei oder gegen den Markt Entscheidungen getroffen werden sollen, sondern in Kenntnis der Marktstrukturen und der Marktentwicklungen.

Primärforschung

In vielen Fällen reichen die Ergebnisse der Sekundärforschung nicht aus, um zum Beispiel zielorientierte Marketingentscheidungen treffen zu können. Der Unternehmer kommt in solchen Fällen

Marktfaktoren/Marketing

nicht darum herum, Primärforschung einzusetzen. Dies geschieht in der Regel mit Befragungsaktionen.

Bevor eine Befragung gestartet wird, sollten alle intern und extern zugänglichen Informationsquellen ausgeschöpft sein. Es stellt sich nämlich nicht selten heraus, dass Unternehmen mit Hilfe einer Befragung Informationen sammeln, die entweder kostenlos oder gegen geringe Gebühren auf dem Markt für externe Informationen, zum Beispiel im Internet, zu bekommen gewesen wären. Das Management hätte sich also die Kosten für eine Befragungsaktion sparen können.

Für Befragungen stehen die schriftliche, telefonische Befragung und das persönliche Interview (face-to-face-Interview) zur Verfügung.

Für den Hauptzweck einer Befragung, die Ermittlung des Firmenimages oder der Produktimages eines Unternehmens, kommt in aller Regel nur das persönliche Interview in Frage.

Das Management kann eine Marketing- und Werbekonzeption nur dann entwickeln, wenn es das Image seines Unternehmens und seiner Produkte kennt. Unter dem Image ist die Ganzheit aller richtigen oder falschen Vorstellungen zu verstehen, die sich die Kunden über ein Unternehmen oder Produkte machen.

Das Firmenimage resultiert aus den Wahrnehmungen und Erfahrungen, die die Zielgruppen und die Kunden mit einem Unternehmen gemacht haben. Die Kunden bzw. Nichtkunden (Zielgruppenmitglieder) werten diese Wahrnehmungen und Erfahrungen und fügen sie zu einem Gesamtbild zusammen, das sie sich von dem Unternehmen machen. Die Kunden bzw. Nichtkunden bemerken beispielsweise die Werbung eines Einzelhandelsunternehmens (Inserat, Werbebrief etc.), sie betrachten die Außenfassade des Geschäftes, kommen mit dem Personal direkt oder telefonisch in Kontakt, nehmen Serviceleistungen in Anspruch etc. Dabei kann es passieren, dass die Kunden von der Werbung des Unternehmens angetan sind, ebenso finden sie die Außenfassade und die Innen-

Weiche Faktoren für das Kreditrating

raumgestaltung beeindruckend, sie treffen jedoch auf unfreundliches und wenig kompetentes Personal. Dies kann dazu führen, dass das Unternehmen stark negativ in das Bewusstsein der Kunden eingeht. Es entsteht ein negatives Firmenimage. Umgekehrt, wenn die Kunden, nachdem sie durch die Werbung und die Fassaden- und Innenraumgestaltung positiv gestimmt sind, auf freundliches, kompetentes Personal treffen, wird ein positives Firmenimage aufgebaut bzw., wenn es bereits vorhanden ist, verstärkt.

Um das Firmenimage eines Unternehmens durch gezielte Maßnahmen in eine bestimmte Richtung verändern zu können, muss zuerst eine Analyse des Firmenimages durchgeführt werden. Das Unternehmen kann die marketingpolitischen Instrumente – Produktpolitik, Preispolitik, Kommunikationspolitik und Distributionspolitik – nur dann gezielt einsetzen, wenn es sein Firmenimage kennt. Findet keine Imageanalyse statt, werden die marketingpolitischen Instrumente unter Umständen planlos eingesetzt und können so das Firmenimage eher schädigen als verbessern.

Praxis-Tipp:

Unternehmen, die bereits eine Imageanalyse durchgeführt haben, sollten die Analyseergebnisse dem Kreditberater auf jeden Fall zur Verfügung stellen. Ist das Firmenimage stark negativ geprägt, kann dem Kreditberater unterbreitet werden, welche Maßnahmen das Management ergriffen hat, um das Image zu korrigieren.

Marktsegmentierung

Viele mittelständische Unternehmen entwickeln eine einzige Marketingstrategie, die sie unterschiedslos in Bezug auf alle ihre Kundengruppen anwenden. Wer so vorgeht, muss zwangsläufig Schiffbruch erleiden. Es wird übersehen, dass die potenziellen Kundengruppen eines Unternehmens unterschiedliche Bedürfnis-

Marktfaktoren/Marketing

strukturen aufweisen und ein unterschiedliches Nachfrage- und Einkaufsverhalten zeigen.

Will ein Unternehmen seine Kundengruppen in optimaler Weise ansprechen, muss es differenzierte Marketingstrategien für unterschiedliche Zielgruppen entwickeln. Differenzierte Marketingstrategien setzen eine Marktsegmentierung voraus.

Marktsegmente sind in sich homogene potenzielle Kundengruppen, die sich voneinander durch ihr Nachfrageverhalten und durch ihre differenzierte Reaktion auf den Einsatz der marketingpolitischen Instrumente des Unternehmens unterscheiden. Unter Marktsegmentierung ist demnach die Aufteilung des Marktes eines Unternehmens in Teilmärkte zu verstehen, die in sich homogen und möglichst trennscharf sind, damit diese Teilmärkte mit differenzierten Marketingstrategien bearbeitet werden können.

Um eine Marktsegmentierung vornehmen zu können, müssen von dem Management Segmentierungskriterien entwickelt werden, die die Zielgruppen auseinander halten. Solche Segmentierungskriterien müssen die folgenden Anforderungen erfüllen:

Messbarkeit

Damit die Marktsegmente messbar sind, muss sich das Management Informationen über die möglichen und tatsächlichen Kunden seines Unternehmens beschaffen. Dies geschieht sowohl im Wege der Sekundärforschung als auch der Primärforschung.

> **Praxis-Tipp:**
>
> Das Management sollte im Rahmen eines Workshops mit den Mitarbeitern folgende Fragen diskutieren: Wer sind die Zielgruppen, die vorwiegend angesprochen werden sollen, welchen Alters- und Berufsgruppen gehören sie an, welches psychologische oder individuelle Nachfrage- bzw. Einkaufsverhalten weisen sie auf etc.?

Weiche Faktoren für das Kreditrating

Erreichbarkeit

Eine Marktsegmentierung macht nur dann Sinn, wenn die abgegrenzten Zielgruppen (Marktsegmente) auch tatsächlich mit den differenzierten Marketingstrategien erreicht werden können. Dies setzt voraus, dass die verwendeten Segmentierungskriterien (demographische, soziökonomische, geographische, psychologische) hinreichend trennscharf abgegrenzte Zielgruppen liefern können.

Wirtschaftlichkeit

Eine Marktsegmentierung ist generell nur dann sinnvoll, wenn der Nutzen, der sich aus einer solchen Zielgruppenabgrenzung ergibt, größer ist als die Kosten, die hierfür anfallen.

> **Praxis-Tipp:**
> Das Management muss davon ausgehen, dass der Kreditberater für das BIR im Zusammenhang mit den Marktfaktoren als Erstes die Gretchenfrage stellt: Welches sind Ihre Zielgruppen? Dies ist verständlich, da der Markterfolg eines Unternehmens entscheidend davon abhängt, dass das Unternehmen seine wirksam abgegrenzten Zielgruppen genau kennt.

Konkurrenzforschung

Ein Management, das im Rahmen seiner betrieblichen Entscheidungen die Konkurrenz vernachlässigt, zeigt keinesfalls Stärke, sondern nur Überheblichkeit, die in der Marktwirtschaft in aller Regel bestraft wird. Konkurrenzforschung ist daher eine Existenzfrage für jedes Unternehmen, das seine Marktanteile halten bzw. ausbauen möchte.

Ziel der Konkurrenzforschung ist es, das Wettbewerbsverhalten der wesentlichen Konkurrenten eines Unternehmens zu durch-

Marktfaktoren/Marketing

schauen. Dadurch erkennt das Management die voraussichtlichen Reaktionen dieser Konkurrenten auf von ihm geplante unternehmerische Entscheidungen wie Preissenkungen für bestimmte Produkte oder Dienstleistungen. Auf der Grundlage der Ergebnisse der Konkurrenzforschung ist das Management besser in der Lage, eigene Marketingstrategien zu entwickeln, die den Markterfolg sichern helfen.

Die Konkurrenzforschung eines Unternehmens muss sich vor allem auf die beiden folgenden Fragen konzentrieren:

- Wer sind meine Hauptkonkurrenten?
- Welche Informationen sollen über diese Konkurrenten ermittelt und ausgewertet werden?

Das Management sollte als Erstes eine Hitliste der Konkurrenten seines Unternehmens aufstellen. Für eine solche Hitliste kann das Management folgende Beurteilungsmerkmale heranziehen:

- Umsatz
- Umsatzwachstum
- Marktanteil
- Marktanteilswachstum
- Gewinnsituation
- Betriebsgröße (zum Beispiel gemessen an der Zahl der Beschäftigten oder am Umsatz)

Daran anschließend sollte das Management mit Hilfe der folgenden Skala, die von 1 bis 4 reicht, die aufgelisteten Konkurrenten hinsichtlich ihrer aktuellen Gefährlichkeit einstufen:

1 = unmittelbar drohende Gefahr: Diese Mitbewerber erfordern die sofortige konzentrierte Aufmerksamkeit des Managements.

2 = ernste Gefahr: Diese Mitbewerber sollten eingehend beobachtet und analysiert werden.

Weiche Faktoren für das Kreditrating

3 = mögliche Gefahr: Diese Mitbewerber sollten ebenfalls, zumindest hinsichtlich ihrer Entwicklungen, beobachtet werden.

4 = keine Gefahr zum gegenwärtigen Zeitpunkt: Diese Mitbewerber brauchen nur am Rande beobachtet zu werden.

Ein zentrales Beobachtungskriterium zur Einschätzung der Gefährlichkeit eines Konkurrenten bildet dessen Marktanteil bzw. das Marktanteilswachstum.

Bei der Identifizierung der Hauptkonkurrenten hat sich häufig herausgestellt, dass bestimmte Mitbewerber als wenig oder gar nicht gefährlich eingestuft wurden, die von den potenziellen Kunden hingegen als wettbewerbsstärker eingeschätzt werden. Es empfiehlt sich daher für das Management, mit Hilfe persönlicher Interviews eine Identifizierung der wesentlichen Konkurrenten aus der Sicht der tatsächlichen und der potenziellen Kunden zu ermitteln und in der eigenen Wettbewerbsanalyse zu berücksichtigen.

> **Praxis-Tipp:**
>
> Die zweite Frage, die der Kreditberater im Rahmen des BIR zu den Marktfaktoren stellen wird, lautet: Wer sind Ihre Hauptkonkurrenten und wie schätzen Sie deren Gefährlichkeit ein? Das Management sollte im Vorgriff auf diese Frage seine Hitliste der Konkurrenten dem Kreditberater präsentieren.

Sind die Hauptkonkurrenten identifiziert, sollte das Management daran gehen, mit Hilfe der Konkurrenzforschung über diese Wettbewerber folgende Informationen zu beschaffen:

- Basisinformationen
- Instrumentalinformationen
- Managementinformationen

Marktfaktoren/Marketing

Basisinformationen

Über jedes Konkurrenzunternehmen sind wesentliche Informationen zu beschaffen, die dessen grundsätzliche Charakterisierung erlauben. Welche Informationen zu den Basisinformationen zählen, ist branchenabhängig und muss von jedem Manager selbst festgelegt werden.

Das folgende Beispiel zeigt eine Auflistung der Basisinformationen, die ein Fertighaushersteller über seine Konkurrenten ermittelt:

Basisinformationen (Beispiel Fertighaushersteller)

- Name und Anschrift des Konkurrenten
- Rechtsform
  - Einzelunternehmen
  - Personengesellschaft (OHG, KG, BGB-Gesellschaft)
  - GmbH und GmbH & Co. KG (klein, mittelgroß, groß)
- Registergericht (zuständig für den Konkurrenten)
- Betriebsgröße (zum Beispiel Jahresumsatz, mengenmäßig, in EUR, Bilanzsumme, Zahl der Beschäftigten)
- Vertriebsorganisation (fest angestellte Reisende, freie Handelsvertreter)
- Musterhäuser (Zahl, in: Region)
- Qualität des Marketings (Einstufung nach Schulnotensystem: 1 bis 6)

Instrumentalinformationen

Das Hauptziel der Konkurrenzforschung ist es, das hinter den einzelnen Marketingaktivitäten des Konkurrenzunternehmens stehende mittel- und langfristige Konzept zu erfassen und zu verstehen.

Weiche Faktoren für das Kreditrating

Welchen Marketingmix verfolgt das Konkurrenzunternehmen? Dies kann nur gelingen, wenn das Management systematisch beobachtet, wie die einzelnen Konkurrenten die marketingpolitischen Instrumente einsetzen. Nur so entsteht ein mosaikartig zusammengesetztes Bild, das das grundlegende Marketingkonzept der Mitbewerber offenbart. Das Management ist dann in der Lage, die von den Konkurrenten bereits getroffenen oder zu erwartenden Marketingentscheidungen in seine eigene Strategieplanung einzubeziehen.

Das zu analysierende marketingpolitische Instrumentarium der Konkurrenten umfasst:

1. Produktpolitik (im Handelsbetrieb Sortimentspolitik)
2. Preis- und Konditionenpolitik
3. Distributionspolitik
4. Kommunikationspolitik

Managementinformationen

Schließlich sollte das Management im Rahmen der Konkurrenzforschung auch Informationen über das Management der Konkurrenten sammeln. Auf diese Art und Weise lässt sich der personal- und führungsmäßige Hintergrund der Marketingaktivitäten des Konkurrenzunternehmens darstellen. Wichtige Informationsbereiche sind hier beispielsweise:

- Organisations und Leitungsstruktur des Konkurrenten
- Art und Reifegrad der Marketingorganisation
- Herkunft, Ausbildung, Erfahrung und Philosophie der Führungskräfte

Die folgende Checkliste erleichtert die Analyse des Managements eines Konkurrenzunternehmens:

Marktfaktoren/Marketing

> **Checkliste: Analyse des Managements eines Konkurrenzunternehmens**
>
> - Name des Managers
> - Alter
> - Wie lange im Unternehmen tätig?
> - Welchen Verantwortungsbereich hat der Manager?
> - Herkunft
>   - Über welche Ausbildung und Abschlüsse verfügt der Manager?
>   - Welche Positionen hat er bei früheren Arbeitgebern für wie viele Jahre eingenommen?
> - Was waren seine Haupterfolge (zum Beispiel Produktneueinführungen), eventuell auch seine Hauptfehlschläge?
> - Welchen Managementstil pflegt der Manager (zum Beispiel friedlichen, kooperativen oder Kampfstil)?
> - Einschätzung
>   - Wie stufen Sie die Fähigkeiten des Managers Ihres Konkurrenten ein (Einstufung nach dem Schulnotensystem von 1 bis 6)?
> - Managementwechsel
>   - Hat in den letzten beiden Jahren ein Wechsel im Management stattgefunden oder wurden zusätzlich neue Manager eingestellt?
> - Bezahlung
>   - Wie schätzen Sie das Gehaltsniveau im Managementbereich im Vergleich zum Branchendurchschnitt ein?
>   - Welche Nebenleistungen werden dem Management gewährt, zum Beispiel Gewinnbeteiligung, Tantiemen (eventuell abhängig von bestimmten Managementleistungen wie etwa dem Betriebsergebnis)?

Weiche Faktoren für das Kreditrating

Wenn das Management in dieser Art und Weise die Konkurrenten seines Unternehmens beobachtet und analysiert, kann es nicht überrascht oder gar überrollt werden. Es verfügt über eine gesicherte Grundlage, um seine eigenen Strategien wirkungsvoll umzusetzen. Grundlegende Voraussetzung ist, dass das Management die Konkurrenzforschung in seinem Unternehmen organisatorisch verankert. Außerdem darf der für die Konkurrenzforschung verantwortliche Mitarbeiter die Konkurrenzinformationen nicht nur sammeln und mit Hilfe der EDV speichern, sondern es muss unbedingt sichergestellt sein, dass diese Informationen im Unternehmen dorthin weitergegeben werden, wo sie aktuell eingesetzt werden müssen.

> **Praxis-Tipp:**
>
> Dem Kreditberater sollte für das BIR dargestellt werden, wie und in welchem Umfang das Management Konkurrenzforschung betreibt. Wird überhaupt keine systematische Konkurrenzforschung betrieben, stellt dies einen Schwachpunkt dar, der das Ratingergebnis negativ beeinflussen kann.

Marketingmix

Dem Management eines Unternehmens stehen für das Marketing die folgenden vier marketingpolitischen Instrumente zur Verfügung:

- Produktpolitik (im Handelsbetrieb Sortimentspolitik): Qualität, Marke, Service
- Preis- und Konditionenpolitik: Preise, Kredite, Rabatte, Skonto
- Kommunikationspolitik: Werbung, Öffentlichkeitsarbeit, Persönlicher Verkauf, Verkaufsförderung, Sponsoring
- Distributionspolitik: Absatzkanäle, Logistik

Marktfaktoren/Marketing

Aufgabe des Managements ist es, diese vier marketingpolitischen Instrumente in optimaler Weise miteinander zu kombinieren und in dieser Kombination einzusetzen. Gelingt dies, spricht man von einem Marketingmix.

Um feststellen zu können, ob in einem Unternehmen ein erfolgreicher Marketingmix verwirklicht wird, muss der Einsatz jedes einzelnen marketingpolitischen Instruments isoliert analysiert werden. Dem Kreditberater muss daher für das BIR dargestellt werden, wie das Management die einzelnen marketingpolitischen Instrumente einsetzt und wie diese Instrumente kombiniert werden.

Produktpolitik

Es beginnt mit der Produktpolitik, da diese im Zentrum der Marketingstrategie eines Unternehmens steht. Dabei darf das Management das eigene Produkt nicht zu eng sehen. Im modernen Marketing stellen Produkte Problemlösungen dar. Eine Problemlösung anzubieten, bedeutet für das Unternehmen wesentlich mehr als das Anbieten eines bestimmten Produkts oder einer bestimmten Dienstleistung.

Gerade die produktbegleitenden Dienstleistungen, wie Beratungsleistungen in der Vorkauf-, Kauf- und Nachkaufphase, die mit Produkten oder einer Produktpalette kombiniert werden, entscheiden oftmals über Erfolg oder Misserfolg der Produktpolitik.

Produktbegleitende Dienstleistungen dienen dazu, das Kernprodukt anzureichern und damit einen zusätzlichen Wert, einen Added Value, zu vermitteln. Im Added Value steckt das Potenzial zur Profilierung und Differenzierung der Unternehmensleistung.

Das Management kann sich auf das Gespräch mit dem Kreditberater zur Produktpolitik mit Hilfe folgender Checkliste vorbereiten:

Weiche Faktoren für das Kreditrating

> **Checkliste: Produktpolitik**
>
> - Wird vom Unternehmen in Bezug auf die Produktpolitik strategisch geplant?
> - Ist im Unternehmen die Entwicklung von Neuprodukten organisatorisch verankert?
> - Werden vom Unternehmen nur einzelne Produkte oder wird eine Produktfamilie angeboten?
> - Wie funktioniert die Ideenfindung für die Entwicklung neuer Produkte (zum Beispiel mit Hilfe der Marktforschung, mit Hilfe kreativer Ideenfindungstechniken, durch Anregung von Kunden oder Außendienstmitarbeitern, durch Forschungs- und Entwicklungsabteilungen)?
> - Über welche Erfolgsmaßstäbe für die Bewertung der Produkte verfügt das Unternehmen (zum Beispiel Umsatz, Absatzmenge, Marktanteil, Deckungsbeitrag, Gewinn, Produktimages)?
> - Kennt das Unternehmen die einzelnen Phasen des Lebenszyklus (Einführung, Wachstum, Reife, Rückgang) seiner Produkte?
> - Finden in dem Unternehmen Produktvariationen statt und wie geht man dabei vor (zum Beispiel neues Produktdesign, neue Verpackung, neue Kommunikationspolitik)?

Sortimentspolitik (Handelsbetriebe)

Groß- und Einzelhandelsunternehmen sind keine Produktspezialisten, sondern Sortimentsspezialisten. Sie betreiben daher keine Produkt-, sondern eine Sortimentspolitik. Jedem Handelssortiment liegt eine tragende Sortimentsidee zugrunde, die zu einer ganz bestimmten Kombination von Handelswaren und Dienstleistungen führt. Ein Kunden anziehendes, attraktives Sortiment entscheidet

Marktfaktoren/Marketing

meistens über Erfolg oder Misserfolg eines Handelsunternehmens. Die besondere Leistung des Handelsmanagements liegt zu einem erheblichen Teil in der Zusammenstellung eines bedarfsorientierten bzw. zielgruppenorientierten Handelssortiments.

Die Sortimentspolitik determiniert in erheblichem Umfang das Preisniveau, das Qualitätsniveau, den Standort, die Verkaufsform und letzten Endes auch den Betriebstyp eines Handelsunternehmens.

Aufgabenbereiche der Sortimentspolitik sind die Sortimentsplanung, die Sortimentsgestaltung (Sortimentspflege) und die Sortimentskontrolle.

Das Zielsortiment eines Handelsunternehmens erfordert eine strategische Entscheidung des Handelsmanagements im Rahmen einer Sortimentsstrukturpolitik. Das Zielsortiment bestimmt das Sortimentsprofil eines Handelsunternehmens und prägt dessen Firmenimage.

Das Sortimentsprofil wird durch die Grundsatzentscheidung des Handelsmanagements in Form eines Sortimentsleitbildes erfasst.

Beispiel:

Das Sortimentsleitbild eines Einzelhandelsunternehmens für PCs könnte zum Beispiel lauten:

Alternative 1:

- führende PCs im Hardwarebereich (führende Marken)
- individuelle Hardware-Konfigurationen im Angebot
- umfangreiches Zusatzangebot (Drucker, sonstiges Zubehör etc.)
- Standardsoftware
- individuelle Softwareleistungen im Angebot
- Update-Service
- umfangreiches Dienstleistungsangebot

Weiche Faktoren für das Kreditrating

Alternative 2:

- führende PCs im Hardwarebereich, aber auch markenlose Ware
- schmales Zusatzangebot
- nur wichtige Standardsoftware
- keine Serviceleistungen

Das Beispiel eines unterschiedlichen Sortimentsleitbildes zeigt klar, dass das Handelsmanagement eine Grundsatzentscheidung fällen muss, ob das Sortiment bzw. die Sortimentspolitik in den Vordergrund gerückt wird oder ein anderes marketingpolitisches Instrument. Steht wie in Alternative 2 der Preis im Vordergrund, werden dadurch selbstverständlich auch die Artikelarten, die Qualitäten und das Serviceprogramm bereits mitbestimmt. Es ist praktisch nicht möglich, eine grundlegende Sortimentsentscheidung ohne Berücksichtigung der preispolitischen Ziele zu treffen.

Für die Umsetzung der Sortimentspolitik ist ein Warenwirtschaftssystem notwendig, das sowohl die Sortimentsplanung (Warengruppenplanung, Artikelplanung) als auch die Sortimentskontrolle (Deckungsbeitragsrechnung) unterstützt bzw. überhaupt erst ermöglicht.

Für das Gespräch des Handelsmanagers mit dem Kreditberater ist darauf hinzuweisen, dass keinesfalls davon ausgegangen werden kann, dass Letzterer spezielle Kenntnisse oder gar Erfahrungen in Bezug auf die Sortimentspolitik eines Handelsunternehmens mitbringt. Es empfiehlt sich daher, dass das Handelsmanagement den Kreditberater erst einmal darüber informiert, welche tragende Sortimentsidee vorliegt und wie die Sortimentspolitik konzipiert ist.

Das Handelsmanagement kann sich auf das Gespräch mit dem Kreditberater zur Sortimentspolitik mit Hilfe folgender Checkliste vorbereiten:

Marktfaktoren/Marketing

Checkliste: Sortimentspolitik

- Welche tragende Sortimentsidee liegt der Sortimentspolitik zugrunde?
- Welche Sortimentsplanung liegt vor (zum Beispiel Warengruppenplan, Artikelplan nach Breite und Tiefe, Artikelplan nach Qualitäten, Artikelplan nach dem Aktualitätsgrad)?
- Wird eine Sortimentsexpansion durchgeführt (Aufnahme neuer Artikel und/oder Artikelgruppen)?
- Findet eine Sortimentskontraktion statt (Herausnahme von bisher geführten Artikeln/Artikelgruppen aus dem Sortiment)?
- Werden Artikel innerhalb eines Handelssortiments ersetzt (Substitution)?
- Über welches Warenwirtschaftssystem verfügt das Unternehmen?

Preis- und Konditionenpolitik

Die Unternehmen möchten mit der Preispolitik vor allem das Gewinnziel erreichen. Das Gewinnziel als unternehmerisches Oberziel strebt eine ausreichende Kapitalverzinsung an. Für den mittelständischen Unternehmer steht dabei die Eigenkapitalrentabilität = (Gewinn: Eigenkapital) x 100 im Vordergrund, die ihm nicht nur ein bestimmtes Einkommen, sondern auch die erforderlichen Mittel für notwendige Erweiterungs- und Ersatzinvestitionen sichern soll.

Die preispolitischen Strategien, die das Management hierfür einsetzen kann, sind durch das so genannte magische Dreieck determiniert:

Weiche Faktoren für das Kreditrating

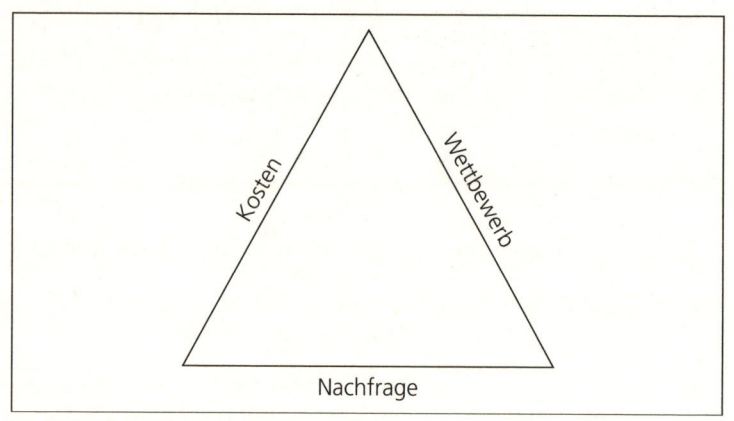

Magisches Dreieck der Preispolitik

Auf lange Sicht müssen die Preise der Produkte (im Handel: Artikel), so bestimmt werden, dass sämtliche fixen und variablen Kosten abgedeckt sind, da sonst dauerhaft Verluste entstehen.

Eine Preisstrategie, die sich ausschließlich an den Kosten orientiert, ist angesichts des Preiswettbewerbs, der auf allen Märkten herrscht, nicht mehr möglich. Sie vernachlässigt die Nachfrage, das sind die tatsächlichen und die potenziellen Kunden, die solche an den Vollkosten orientierten Preise, je nach Marktlage, nicht akzeptieren, und ignoriert den Wettbewerb, das sind die Konkurrenzunternehmen, die eine differenzierte, am Markt ausgerichtete Preispolitik betreiben.

Die mittelständischen Unternehmen müssen daher, genau wie die Großunternehmen, preispolitische Strategien entwickeln, die den Anforderungen des magischen Dreiecks gerecht werden.

Zu diesen modernen preispolitischen Strategien zählen insbesondere:

Preisdifferenzierung: Die Preisdifferenzierung knüpft daran an, dass es für ein Produkt verschiedene Marktsegmente (Zielgruppen) mit unterschiedlichen Zahlungsbereitschaften gibt. Die Unternehmen machen sich das zunutze und verkaufen das gleiche Produkt

Marktfaktoren/Marketing

zu unterschiedlichen Preisen. Der Gesamtmarkt wird für die Preispolitik in Teilmärkte von verschiedenen Abnehmergruppen zerlegt, die jeweils mit unterschiedlichen Preisen bedient werden. Differenzierungskriterien sind unter anderem:

- persönliche Preisdifferenzierung (zum Beispiel Studenten- und Seniorenpreise)
- regionale Preisdifferenzierung (unterschiedliche Preise für das gleiche Produkt in verschiedenen Gebieten)
- zeitliche Preisdifferenzierung (ein Produkt wird an einem Ort im Verlauf einer bestimmten zeitlichen Periode zu unterschiedlichen Preisen angeboten)
- qualitative Preisdifferenzierung (ein Produkt wird in mehreren Ausführungen zu unterschiedlichen Preisen angeboten und die Preisunterschiede sind größer als die Kostenunterschiede)
- quantitative Preisdifferenzierung (Mengenrabatte)

Preisbündelung: Preisbündelung ist die Zusammenfassung mehrerer Produkte zu einem Bündel und der Verkauf dieses Bündels als ein neues Produkt zu einem Preis, der geringer ist als die Summe der Preise der Einzelprodukte. Der Gewinnzuwachs, der aus einer solchen Preisbündelung resultiert, wird nach Erfahrungswerten mit 20–30 % beziffert, da Kunden sehr stark auf Preisvorteile des Pakets reagieren.

Sonderpreisaktionen: Insbesondere im Einzelhandel werden systematisch Sonderangebotsaktionen durchgeführt, um die Kunden in den Laden zu locken und zum Kauf nicht nur des Sonderangebots, sondern auch der normal kalkulierten Artikel aus dem Sortiment zu veranlassen. Sonderpreisaktionen dienen auch der Verbesserung des Preisimages eines Unternehmens.

Neue Preisuntergrenzen: Mit Hilfe einer Teilkostenrechnung (Deckungsbeitragsrechnung) werden Produkte zu Preisen angeboten,

Weiche Faktoren für das Kreditrating

die nur die variablen Kosten (zuzüglich eines eventuellen Fixkostenanteils) abdecken. Die Unternehmen werden mit einer solchen Vorgehensweise unter Umständen konkurrenzfähig (das Unternehmen erhält beispielsweise bei einer Ausschreibung den Zuschlag, den es niemals bekommen hätte, wenn der Auftrag auf der Basis seiner Vollkosten hätte gedeckt sein müssen).

Zur Preispolitik zählt auch die Konditionenpolitik. Hierzu rechnet man im Einzelnen unter anderem:

- Rabattpolitik (zum Beispiel Funktionsrabatte, Mengenrabatte, Zeitrabatte)
- Lieferbedingungen (zum Beispiel Übernahme der Transportkosten, Umtauschrecht und Garantieleistungen)
- Zahlungsbedingungen (zum Beispiel Zahlungsart, Zahlungsfristen, Skonti, Boni)

Diesen Konditionen kommt für das Unternehmen eine akquisitorische Funktion zu.

Das Management kann sich auf das Gespräch mit dem Kreditberater zur Preis- und Konditionenpolitik mit folgender Checkliste vorbereiten:

Checkliste: Preis- und Konditionenpolitik

- Sind die Preise des Unternehmens wettbewerbsfähig in Bezug auf alle Konkurrenten, die wesentlichen Konkurrenten, nur wenige Konkurrenten, oder liegen keine wettbewerbsfähigen Preise vor?
- Welches Preisimage hat das Unternehmen im Vergleich mit den wesentlichen Konkurrenten aufzuweisen?
- Welche Preisstrategien setzt das Unternehmen ein?
- Wie vollzieht sich in dem Unternehmen die Preiskalkulation (beispielsweise auf der Basis der Vollkosten, Orientierung

Marktfaktoren/Marketing

Fortsetzung: Checkliste: Preis- und Konditionenpolitik

> an den Preisen der Konkurrenz, Orientierung an dem Preisführer auf dem Markt)?
> - Wie werden in dem Unternehmen Preisuntergrenzen bestimmt (auf der Basis der Vollkosten, der Teilkosten, einer Deckungsbeitragsrechnung etc.)?
> - Erhebt das Unternehmen systematisch die Preise seiner Konkurrenten für vergleichbare Produkte und Dienstleistungen?
> - Welche Konditionenpolitik betreibt das Unternehmen im Vergleich mit den wesentlichen Konkurrenten (Zahlungsbedingungen, Lieferbedingungen etc.)?

Kommunikationspolitik

Das marketingpolitische Instrument Kommunikationspolitik umfasst unter anderem die folgenden Instrumentarbereiche:

- Werbung (Advertising)
- Öffentlichkeitsarbeit (Public Relations)
- Verkaufsförderung (Sales Promotion)
- Persönlicher Verkauf (Personal Selling)
- Sponsoring

Aufgabe des Managements ist es, diese Instrumente der Kommunikationspolitik in möglichst optimaler Weise miteinander zu kombinieren und mit den drei anderen marketingpolitischen Instrumenten Produktpolitik, Preispolitik, Distributionspolitik in einem optimalen Verbund einzusetzen. Gelingt dies, spricht man von einem Submix im Rahmen des Marketingmix.

Werbung (Advertising)

„Wer an der Werbung spart, kann auch die Uhr anhalten, um Zeit zu gewinnen." (Henry Ford)

Weiche Faktoren für das Kreditrating

Werbung soll die Kunden von Unternehmen beeinflussen, deren Produkte zu kaufen, deren Dienstleistungen in Anspruch zu nehmen, deren Einkaufsstätten aufzusuchen etc. Damit die Kunden sich in diesem Sinne verhalten, müssen die Werbebotschaften der Unternehmen zugleich informieren und überreden. Soll dies gelingen, muss die Werbung nach Plan erfolgen. Der Prozess der Werbeplanung umfasst sieben Entscheidungsbereiche:

- Formulierung der Werbeziele für die Zielgruppen
- Bestimmung der Werbeobjekte
- Bestimmung des Werbebudgets
- Bestimmung der Werbemedien (Werbeträger)
- Bestimmung der Werbemittel
- Zeitliche Verteilung des Werbebudgets
- Werbeerfolgskontrolle

Der Kreditberater fragt das Management nach seinem Werbeplan und lässt sich diesen, falls überhaupt vorhanden, im Detail erläutern.

Der erste und wichtigste Schritt der Werbeplanung ist die zielgruppenbezogene Formulierung der Werbeziele. Wenn der Manager die Frage des Kreditberaters nach den Werbezielen verneinen muss, ist diesem von vornherein klar, dass das Unternehmen über keine Werbekonzeption verfügt.

Auch die Werbeziele sind operational zu formulieren, d.h., es sind die Zieldimensionen Zielinhalt, erstrebtes Ausmaß und zeitlicher Bezug zu bestimmen. Es ist nicht möglich, einen allgemein gültigen Zielkatalog für die Werbung aller Unternehmen aufzustellen. Die Werbeziele werden sowohl von der Branche, der ein Unternehmen angehört, von der Produktpalette bzw. dem Sortiment (Handelsbetriebe) als auch von den anzusprechenden Zielgruppen bestimmt. Der folgende Zielkatalog kann als Anregung für die Formulierung eigener Werbeziele der Unternehmen dienen:

Marktfaktoren/Marketing

> **Werbeziele: Zielkatalog**
>
> - Steigerung des Bekanntheitsgrades des Unternehmens
> - Gewinnung neuer Kunden
> - Aufbau eines positiven Firmenimages
> - Verbesserung des Preisimages
> - Verbesserung von Produktimages, Sortimentsimage (Handelsbetriebe)
> - Verbesserung des Serviceimages

Da kein Unternehmen über ein unbegrenztes Werbebudget verfügt, muss es bei der Formulierung der Werbeziele Prioritäten setzen. Welche Werbeziele vordringlich sind, hängt von der Marketingkonzeption bzw. von den Marketingstrategien ab, die das Unternehmen verfolgt.

Hat beispielsweise die Marktforschung ergeben, dass der Bekanntheitsgrad eines Unternehmens nur gering und sein Preisimage negativ geprägt ist, sollten die begrenzten Mittel, die für die Werbung zur Verfügung stehen, auf die Werbeziele Steigerung des Bekanntheitsgrades und Verbesserung des Preisimages konzentriert werden.

Was beworben wird (Werbeobjekte) und welches Werbebudget eingesetzt wird, sollte, ausgehend von den Werbezielen, festgelegt werden.

Die Werbeplanung hat eine Entscheidung darüber zu treffen, welche Werbemedien für die Erreichung der Werbeziele eingesetzt werden sollen. Grundsätzlich ist festzustellen, dass die Unternehmen mit ihrer Werbung nicht auf ein einziges Werbemedium setzen, sondern eine Medienkombination anstreben sollen. Hierzu ist eine Medienstrategie zu entwerfen, der vor allem folgende Werbemedien zur Verfügung stehen:

Weiche Faktoren für das Kreditrating

Klassische Werbemedien:

- Tageszeitungen, Anzeigenblätter
- Publikumszeitschriften, Fachzeitschriften
- Radio (regional, landesweit)
- Fernsehen (regional, landesweit, bundesweit)

Ergänzende Werbemedien:

- Internetwerbung
- Plakatwerbung
- Prospektwerbung
- Katalogwerbung
- Zeitungsbeilagen
- Verkehrsmittelwerbung
- Kinowerbung etc.

Der Manager hat die Möglichkeit, ausgewählte klassische Medien mit diesen ergänzenden Medien zu kombinieren, um einen Medienmix zu verwirklichen.

Als das wichtigste Kriterium für die Auswahl der Werbemedien im Rahmen der Werbeplanung wird der Tausenderkontaktpreis herangezogen, der die Kosten eines Mediums widerspiegelt. Die absoluten Einschaltkosten einer Anzeige, eines Hörfunkspots, eines Fernsehspots in EUR sind wenig aussagekräftig und führen unter Umständen in die Irre. Der Tausenderkontaktpreis besagt, welche Kosten ein Unternehmen aufwenden muss, um voraussichtlich mit 1000 Lesern einer Tageszeitung, 1000 Hörern einer Radiostation oder 1000 Zuschauern eines Fernsehsenders in Kontakt zu kommen. Dieser Tausenderkontaktpreis wird wie folgt errechnet:

$$\frac{\text{Preis des Inserats}}{\text{Leser pro Ausgabe}} \times 1000 = \text{Tausenderkontaktpreis}$$

Marktfaktoren/Marketing

Antwortet der Manager auf die Frage des Kreditberaters, ob er für die Auswahl der Werbemedien die absoluten Schaltkosten oder die Tausenderkontaktpreise heranzieht, dass für seine Medienauswahl die absoluten Schaltkosten in EUR entscheidend sind, ist diesem sofort klar, dass in dem Unternehmen unter Kostengesichtspunkten keine richtige Auswahl getroffen wird.

Wenn der Manager auf die Frage, ob er bei seiner Werbung auf ein einziges Medium setzt, oder ob er einen Medienmix anstrebt, antwortet, dass er nur ein einziges Medium einsetzt, ist klar, dass kein optimaler Medieneinsatz vorliegt.

Die Medienwerbung, die eine Massenumwerbung darstellt, wird häufig durch Direktwerbung ergänzt. Dabei wird immer öfter anstelle einer Direktwerbung mit Werbebriefen eine E-Mail-Werbung durchgeführt, die den personalisierten Werbebrief entweder ersetzt oder ergänzt.

Um dem Kreditberater für das BIR seine Werbekonzeption zu erläutern, kann sich der Manager mit Hilfe folgender Checkliste auf das Kreditgespräch vorbereiten:

Checkliste: Werbung

- Wird ein Werbeplan erstellt?
- Welchen Zeitraum umfasst dieser Werbeplan (zum Beispiel Einjahresplanung, Halbjahr, saisonale Planung)?
- Werden Werbeziele formuliert? Wenn ja, welche Werbeziele?
- Welche Werbemedien werden häufig, selten oder nie eingesetzt?
- Welche Kosten werden der Auswahl der Werbemedien zugrunde gelegt (absolute Schaltkosten oder Tausenderkontaktpreise)?
- Wird Direktwerbung (auch E-Mail-Werbung) eingesetzt?

Weiche Faktoren für das Kreditrating

Fortsetzung: Checkliste: Werbung

- Wie vollzieht sich die Werbebudgetplanung (Orientierung an den Planumsätzen, Orientierung an Branchendurchschnittswerten)?
- Wie wird das Werbebudget zeitlich verteilt (zum Beispiel monatlich entsprechend der Werbeplanung, saisonale Verteilung)?
- Wurde eine Budgetreserve eingeplant?
- Werden bei der Werbung die Grundsätze des Corporate Design (Unternehmenserscheinungsbild) beachtet?
- Beteiligt sich das Unternehmen an Gemeinschaftswerbungen?
- Kontrolliert das Management den Werbeerfolg seiner Werbeaktionen?

Setzt das Management weitere kommunikationspolitische Instrumente wie die Öffentlichkeitsarbeit (Public Relations), Verkaufsförderung, Sponsoring etc. ein, sollten dem Kreditberater für das BIR in gleicher Weise wie für die Werbung aufbereitete Informationen zur Verfügung gestellt werden. So interessiert ihn beispielsweise in Bezug auf die Öffentlichkeitsarbeit, welche Dialoggruppen als Zielgruppen anvisiert werden: Gemeinde, Tagespresse, Fachpresse, lokales Radio, regionales Fernsehen, Fachverbände, Einrichtungen der Wirtschaft, Umweltschutzorganisationen etc.

Distributionspolitik

Die Distributionspolitik bezieht sich auf alle Entscheidungen, die im Zusammenhang mit dem Weg eines Produkts zum gewerblichen Kunden (Verwender) oder Letztverbraucher stehen. Dabei hat die Distributionspolitik die optimale Gestaltung eines Distributionssystems zum Ziel. Das Management hat vor allem die folgenden distributionspolitischen Entscheidungen zu treffen:

Marktfaktoren/Marketing

1. Wahl der Absatzwege: Die Wahl der Absatzwege bildet für jedes Unternehmen eine strategische Entscheidung, die die Ertrags- und Kostenstruktur und damit den erzielbaren Erfolg in erheblichem Maße beeinflusst.

Dem Hersteller stehen grundsätzlich drei Vertriebswege zur Verfügung:

- Vertrieb über Groß- und Einzelhandel
- Vertrieb über Einzelhandel
- Direktvertrieb

Der Kreditberater fragt nach den Absatzwegen, die das Unternehmen eingeschlagen hat und informiert sich über den Distributionsgrad (= wie viele Einzelhandelsunternehmen einer bestimmten Branche führen die Produkte des Herstellers).

2. Wahl der Absatzform: Die Wahl der Absatzform verlangt vom Management beispielsweise die folgende strategische Entscheidung: Sollen von dem Unternehmen fest angestellte Reisende eingesetzt werden oder freie Handelsvertreter? Während fest angestellte Reisende weisungsgebunden sind und daher von dem Unternehmen effektiv gesteuert und kontrolliert werden können, bringen freie Handelsvertreter bereits nützliche Kundenkontakte (Kundenstamm) mit.

Für Schlüsselkunden wird häufig das Key-Account-Management eingesetzt, d.h., dass für solche Kunden die Mitglieder der Geschäftsleitung Distributionsaufgaben übernehmen.

3. Wahl der Organisationsform: Für die Wahl der Organisationsform der Absatzorganisation finden sich in der betrieblichen Praxis drei klassische Organisationsprinzipien:

- Die regional orientierte Organisation mit Gebietsmanagern, die sämtliche Produkte und sämtliche Kunden in einem regional abgegrenzten Absatzraum betreuen.
- Die am Produktprogramm orientierte Organisation, die auf Produktmanager setzt, die die volle Verantwortung tragen.

Weiche Faktoren für das Kreditrating

- Die kundenorientierte Organisation, wenn sich das gesamte Kundenpotenzial in deutlich voneinander zu unterscheidende Gruppen gliedert (Industrie, Handwerk etc.).

Um dem Kreditberater seine Distributionspolitik zu erläutern, kann sich das Management mit Hilfe folgender Checkliste auf das Kreditgespräch vorbereiten:

Checkliste: Distributionspolitik

- Über welche Absatzwege (Absatzkanäle) verfügt das Unternehmen?
- Welchen Distributionsgrad (in %) hat das Unternehmen erreicht?
- Gibt es in dem Unternehmen ein Key-Account-Management?
- Auf welchen Organisationsprinzipien basiert die Absatzorganisation des Unternehmens?
- Wie funktioniert die Zusammenarbeit mit dem Einzelhandel (nur über die Zentralen der Filialunternehmen, der freiwilligen Gruppen und Ketten, der Genossenschaften, oder auch über Direktbesuche ausgewählter Betriebstypen wie Fachgeschäfte, Fachmärkte, SB-Warenhäuser etc.)?

---

8. Die Beziehung zwischen Kunde und Bank

Als Erstes muss sich das Management die Frage stellen, wie viele Bankverbindungen es braucht. Grundsätzlich empfiehlt es sich, über zwei Bankverbindungen zu verfügen: eine Hausbank und eine Zweitbank.

Die Beziehung zwischen Kunde und Bank

Die Hausbank stellt jene Bank dar, die das Unternehmen umfassend mit Krediten versorgt, mit der es langjährige Geschäftsbeziehungen unterhält, die durch Verlässlichkeit, Kontinuität und Berechenbarkeit geprägt sind. Daneben sollte das Unternehmen Kunde einer Zweitbank sein, die im Ernstfall, wenn es zu unüberwindlichen Schwierigkeiten mit der Hausbank kommen sollte, eine echte Alternative darstellt. Dabei muss dem Management von vornherein klar sein, inwieweit es die Zweitbank in die Finanzierungen des Unternehmens einbinden will und kann.

Zwei Bankverbindungen zu haben, kann unter Umständen den Finanzierungsspielraum des Unternehmens erweitern. Außerdem lassen sich durch zwei Bankverbindungen in bestimmten Fällen günstigere Kreditkonditionen herausholen. Allerdings dürften sich über das BIR die Kreditkonditionen zwischen den Banken mehr und mehr angleichen.

Die Beziehung zwischen Kunde und Bank spielt für das BIR eine äußerst wichtige Rolle. Sie geht mit 10 % Gesamtgewicht in das Ratingsystem ein, wobei 2 % Gewichtsanteil auf die Dauer der Kundenbeziehung und 8 % Gewichtsanteil auf das Kontenverhalten entfallen.

Dauer der Kundenbeziehung

Die Bank misst einer dauerhaften Kundenbeziehung eine große Bedeutung zu. Das heißt nicht, dass ein Unternehmen für alle Zukunft darauf bauen kann, von seiner Hausbank zuverlässig mit den notwendigen Krediten versorgt zu werden, da es schon über Jahre oder gar Jahrzehnte deren Kunde ist. Im Mittelpunkt der Kreditvergabe durch die Hausbank steht das Bonitätsurteil auf der Basis des BIR. Fällt dieses negativ aus, muss schlimmstenfalls mit einer Kündigung der Geschäftsbeziehung gerechnet werden. Dies mussten bereits viele Unternehmen schmerzhaft erfahren, die negativ geratet wurden und quasi über Nacht in der Insolvenzabteilung ihrer Hausbank als Abwicklungsfall landeten.

Weiche Faktoren für das Kreditrating

Wie bereits ausgeführt, sehen die Banken ihre Kunden nicht ausschließlich als Kreditkunden, sondern als Kunden mit einer umfassenden Geschäftsbeziehung. Die Banken ermitteln einmal im Jahr den Gesamtdeckungsbeitrag pro Kunde, der eine wichtige Rolle für die künftige Beziehung zwischen Kunde und Bank spielt.

Die Unternehmer sollten daher auch überlegen, wie sie außer auf dem Kreditsektor, zum Beispiel bei ihrer Vermögensanlage (Wertpapieranlage, Versicherungen), mit ihrer Hausbank zusammenarbeiten wollen.

Kontenverhalten

Die Hausbank setzt bei ihrem BIR in verstärktem Maße auf das Kontenverhalten des Unternehmens. Die Kontendatenanalyse bestimmt mit 8 % Gewichtsanteil das Ratingergebnis des Unternehmens. Mit der starken Gewichtung des weichen Faktors „Kontenverhalten" unterscheidet sich das BIR grundlegend vom Rating durch externe Ratingagenturen, die naturgemäß zu solchen Kontendaten der zu ratenden Unternehmen keinen Zugang haben. Vor allem, wenn eine langjährige Geschäftsbeziehung mit der Hausbank vorliegt, führt eine solche Kontendatenanalyse zu aussagekräftigen Ergebnissen. Eine Hausbankverbindung unterhält ein Unternehmen zu einem Kreditinstitut dann, wenn es 60 % seiner Girokontenumsätze über ein und dieselbe Bank abwickelt.

Kontendatenanalysen basieren auf der Überlegung, dass es einen Zusammenhang zwischen der Kontoführung und der Geschäftsentwicklung eines Unternehmens gibt. Die Bank wertet laufend und systematisch die Kontoinanspruchnahme, das Überziehungsverhalten und die Umsatzentwicklung des Girokontos des Unternehmens aus und erhält so frühzeitig Hinweise auf eine Kreditgefährdung.

Die Kontodatenanalyse (Girokonto) wird in der Regel durch eine Beobachtung der Obligoentwicklung (zum Beispiel mittel- und langfristig eingeräumte Tilgungskredite) ergänzt, sodass sich das Bild von der Kreditsituation des Unternehmens rundet.

Die Beziehung zwischen Kunde und Bank

Kontoinanspruchnahme

Als Erstes beinhaltet die Kontodatenanalyse eine genaue Erfassung der Kontoinanspruchnahme, die das Zahlungsverhalten eines Unternehmens widerspiegelt und daher als Maßstab für die unternehmerische Zahlungsmoral angesehen wird. Aus empirischen Studien weiß man, das bonitätsstarke Unternehmen ihren Kreditrahmen etwa nur zu zwei Dritteln ausnutzen, während sich bei krisengefährdeten Unternehmen bereits mehrere Jahre vor einem Insolvenzzeitpunkt die durchschnittliche Limitausschöpfung erhöht. Während eine nicht ausgenutzte Kontokorrentlinie auf eine gute Bonität des Unternehmens hindeutet, stellt eine permanent volle Ausschöpfung des eingeräumten Kreditlimits oder dessen Überziehung einen Frühindikator für negative Unternehmensentwicklungen dar.

Mögliche andere Gründe für eine Überschreitung des Kreditrahmens eines Kontokorrentkredites können unter anderem sein:

- Das Unternehmen ist in eine Wachstumsphase eingetreten, die zwangsläufig einen erhöhten Kreditbedarf nach sich zieht.

- Es liegt ein zeitlich befristeter Betriebsmittelbedarf vor, der ohne Rücksprache mit der Hausbank über die eingeräumte Kontokorrentlinie hinaus finanziert wurde.

Eine häufige Überziehung des Kreditrahmens eines Kontokorrentkredites führt zu negativen Konsequenzen bei dem BIR. So verschlechtert sich die Bonitätseinstufung wie folgt, wenn bestimmte Überziehungen vorliegen:

Eine Bonitätsstufe Abschlag, wenn

- eine ununterbrochene Überziehung mehr als zwei Monate dauert, oder

- drei oder mehr einmonatige Überziehungen in zwölf Monaten vorliegen, oder

- drei oder mehr Lastschriftrückgaben erfolgen.

Weiche Faktoren für das Kreditrating

Zwei Bonitätsstufen Abschlag, wenn

- drei oder mehr zweimonatige Überziehungen in zwölf Monaten,
- drei oder mehr Verzögerungen vereinbarter Leistungsraten vorliegen.

Diese Verschlechterung des Ratingergebnisses wird damit begründet, dass ein solches Kontoverhalten stark darauf hindeutet, dass Kredite notleidend geworden sind.

> **Praxis-Tipp:**
>
> Das Management sollte im Rahmen des Controllings versuchen sicherzustellen, dass es zu keinen solchen Limitüberschreitungen kommt. Hierzu dienen als Kontrollinstrumente die Finanzplanung und das Cashmanagement, die rechtzeitig auf eventuell auftretende Finanzierungslücken aufmerksam machen. Signalisiert zum Beispiel die Finanzplanung, dass in einem bestimmten Monat mit einer Finanzierungslücke gerechnet werden muss, sollte das Management rechtzeitig ein Gespräch mit der Hausbank führen, um eine Erweiterung des Kreditlimits für den Kontokorrentkredit zu erreichen oder eventuell ein weiteres Tilgungsdarlehen eingeräumt zu bekommen.

Weitere Warnsignale in Bezug auf das Kontenverhalten sind für die Hausbank, wenn:

- Lastschriften zurückgegeben werden
- atypische Kontenbewegungen wie Bareinzahlungen, Barentnahmen auftreten
- Auskunftsanfragen zunehmen
- vermehrt neue Bankverbindungen eingegangen werden
- die Zahlungsart gewechselt wird, zum Beispiel von Schecks auf Wechsel übergegangen wird
- sich die Eigenumsätze zwischen den Banken erhöhen

Die Beziehung zwischen Kunde und Bank

Umsatzentwicklung

Die Kontodatenanalyse schließt eine laufende Auswertung der Konto-Umsatzentwicklungen ein. So werden ständig die monatlichen Habenumsätze analysiert: Welches Umsatzvolumen hat das Unternehmen mit seinen unternehmerischen Aktivitäten in den letzten Monaten erzielt?

So wird beispielsweise ein kontinuierlicher Rückgang der Habenumsätze als ein Indiz für unternehmerische Marktrisiken gewertet. Das Kontodatenanalysesystem ist so programmiert, dass gleichzeitig die Auswertung der Kontoinanspruchnahme und der Entwicklung der Habenumsätze stattfindet.

> **Praxis-Tipp:**
>
> Über die Hausbank wird in der Regel der Großteil der Habenumsätze eines Unternehmens abgewickelt. Wird mit einer Zweitbank zusammengearbeitet, sollten die Umsätze nach einem bestimmten Verteilungsschlüssel auf beide Banken verteilt werden. Der Verteilungsschlüssel sollte dabei so angelegt sein, dass beide Banken entsprechend ihrer Bedeutung für die Finanzierung des Unternehmens an den Umsätzen beteiligt werden.

Das Kontodatenanalysesystem erstreckt sich auch auf die Sollumsätze eines Unternehmens. Sollumsätze resultieren vor allem aus der Beschaffung von Investitionsgütern, Rohstoffen, Waren etc. Die Bank gewinnt bei der Analyse der Sollumsätze Informationen über betriebsfremde Umsätze wie Zwischen-Kontenüberweisungen, Darlehensvalutierungen, Stornobuchungen etc.

Da diese Sollumsätze nicht mit der betrieblichen Tätigkeit unmittelbar zusammenhängen, werden sie bei der Kontodatenanalyse ausgeklammert.

Weiche Faktoren für das Kreditrating

Kontensaldierung

Für die Auswertung der Kontobewegungen errechnet die Bank aus den Habenumsätzen und den Sollumsätzen monatliche Kontensalden. Die Kontosaldierung erfolgt in der Weise, dass der Kontoanfangsbestand eines Monats als Ausgangsgröße genommen wird, die mit den monatlichen Konto-Umsatzbewegungen zu verrechnen ist (Anfangsbestand + Habenumsätze – Sollumsätze = neuer Anfangsbestand). Der neu berechnete Kontosaldo bildet wiederum die Berechnungsgrundlage für den Kontosaldo des Folgemonats etc.

Fortschrittliche Kontodatenanalysesysteme beinhalten nicht nur die Kreditausnutzung und die Kreditüberziehung eines Unternehmens, sondern auch eine separate Erfassung und Beobachtung von Scheck-, Wechsel- und Lastschriftbewegungen.

Für das BIR hat die Analyse der Kontobewegungen vor allem die beiden folgenden Vorteile aufzuweisen:

- Die Veränderungen der Kontobewegungen fallen automatisch an, wenn die Geschäftsvorfälle des Unternehmens verbucht werden. Es sind daher keine zusätzlichen Erhebungen durch die Kreditberater erforderlich. Darüber hinaus können die Unternehmen die Kontendaten kaum manipulieren.

- Die Kontodaten sind stets aktuell, praktisch tagesaktuell, d.h., dass sie kontinuierlich fortgeschrieben werden. Sie können daher nicht nur bei der Bonitätsanalyse, sondern darüber hinaus auch bei der Kreditüberwachung herangezogen werden.

> **Praxis-Tipp:**
>
> Angesichts der großen Bedeutung des weichen Faktors „Kontenverhalten" (8 % Gewichtungsfaktor) sollte jeder Manager wissen, was Kontodatenanalyse bedeutet und wie er sein Kontoverhalten optimal darauf einstellen kann.

Das Kreditgespräch mit der Bank

5

1. Grundsätzliches zur Vorbereitung auf das Kreditgespräch 210
2. Präsentationsunterlagen 214

1. Grundsätzliches zur Vorbereitung auf das Kreditgespräch

Kein Unternehmer (Manager) sollte ohne gründliche Vorbereitung in ein Kreditgespräch mit seiner Bank eintreten. Die Zeiten, in denen der Unternehmer, ohne entsprechend vorbereitet zu sein, dem Kreditberater gegenübertrat und auf dessen gezielte Fragen wenig kompetent antwortete, müssen endgültig der Vergangenheit angehören.

Das entscheidende Kreditgespräch sollte, wenn möglich, im Unternehmen stattfinden. Vor allem hier haben Sie die Chance und die Möglichkeit, gewissermaßen in Ihrer vertrauten Umgebung Ihr Unternehmen umfassend darzustellen.

Es kann sinnvoll sein, einen Steuer- oder einen Unternehmensberater zu dem Kreditgespräch hinzuzuziehen. In dem Gespräch sollte allerdings nicht der Berater im Vordergrund stehen, sondern Sie. Es macht einen denkbar schlechten Eindruck, wenn nicht Sie, sondern beispielsweise der Steuerberater das Kreditgespräch dominiert. Der Berater sollte den Unternehmer allenfalls in Detailfragen unterstützen. Im Übrigen kann auch nicht erwartet werden, dass beispielsweise der Steuerberater zu den harten und weichen Faktoren, die der Kreditberater erhebt, jeweils sämtliche schlüssigen Antworten parat hat. Er wäre bei weitem überfordert. Es ist zu bedenken, dass der Kreditberater auf der Grundlage eines umfassenden Leitfadens (Handbuch) seine gezielten Fragen zu den Bündeln der harten und weichen Faktoren stellt.

Sie sollten sowohl über die harten Faktoren als auch über die weichen Faktoren, die in das BIR eingehen, Bescheid wissen.

In Bezug auf das Bündel der harten Faktoren sollten Sie sich in Vorbereitung auf das Kreditgespräch mit sämtlichen relevanten Kennzahlen Ihres Unternehmens aus der Jahresabschlussanalyse inten-

Grundsätzliches zur Vorbereitung

siv auseinander setzen. Sie sollten sich vorab mit Ihrem Steuerberater besprechen und diese Jahresabschlusskennzahlen, falls erforderlich, im Detail erläutern lassen. Sie sollten die Fachsprache und die Begriffe beherrschen, also genau wissen, wie zum Beispiel die Kennzahlen „Eigenkapitalquote" oder „Cashflow" gebildet und interpretiert werden.

Der Kreditberater informiert sich sowohl über die Vergangenheitszahlen, zum Beispiel aus den Jahresabschlüssen der letzten drei Jahre, als auch über eventuelle Planzahlen, zum Beispiel der kommenden zwei Jahre. Haben sich in der Vergangenheit mehrere oder gar alle für das BIR relevanten Jahresabschlusskennzahlen verschlechtert, sollten Sie plausible Erklärungen für diese negativen Abweichungen zur Verfügung haben.

Sind in den Bilanzpositionen auf der Aktiv- und/oder Passivseite stille Reserven enthalten, die die für das BIR relevanten Jahresabschlusskennzahlen positiv beeinflussen können, sollten diese unbedingt aufgelöst werden. Es darf nicht sein, dass eine zu niedrige Eigenkapitalquote des Unternehmens präsentiert wird, weil Sie es versäumt haben, die stillen Reserven aufzulösen.

Ebenso müssen Sie sich darauf einstellen, dass der Kreditberater zu eventuell vorgelegten Planzahlen, zum Beispiel einer Plan-Gewinn- und Verlustrechnung oder einem Finanzplan, kritische Fragen stellen wird. Sie sollten sich auf diese zu erwartenden Fragen vorbereiten, um Ihre Planungen entsprechend begründen und verteidigen zu können.

Sie müssen aber auch in Bezug auf das Bündel der weichen Faktoren, das in das BIR eingeht, in vollem Umfang vorbereitet sein. Hier sind Sie ja in Ihrem Element, da die weichen Faktoren in Ihren Verantwortungsbereich fallen. Stellen Sie sich darauf ein, dass Sie zu diesem Faktorenbündel besonders gefordert werden. Der Kreditberater arbeitet seinen Fragenkatalog bzw. seinen Leitfaden (Handbuch) Punkt für Punkt ab und erwartet von Ihnen schlüssige

Das Kreditgespräch mit der Bank

und kompetente Antworten. Sie sollten in Bezug auf das Bündel der weichen Faktoren möglichst offensiv vorgehen, d.h.: Erläutern Sie dem Kreditberater detailliert vor allem jene weichen Faktoren, die Sie versucht haben zu optimieren. Wurde zum Beispiel ein Managementinformationssystem eingeführt, sollte dieses dem Kreditberater unaufgefordert ausführlich dargestellt werden.

Was die Banken von den Unternehmen erwarten und besonders schätzen, ist Offenheit, gerade auch in problematischen Situationen. Wenn sich die wirtschaftliche Situation eines Unternehmens verschlechtert, macht es keinen Sinn, dies vor dem Kreditberater verschleiern oder verheimlichen zu wollen. Eine Verschleierungstaktik wird, zumindest auf Dauer, nicht funktionieren. Gegenüber der Bank sollte stets mit offenen Karten gespielt werden, wenn es kein böses Erwachen geben soll.

Das Fazit lautet also: Sie sollten das Kreditgespräch professionell vorbereiten.

Folgende Checkliste enthält einige Regeln, die für das Kreditgespräch hilfreich sein können:

Checkliste: Vorbereitung des Kreditgesprächs

- Das Kreditgespräch sollte möglichst von Ihnen ausgehen. Wenn Sie die Initiative ergreifen, kann das Gespräch ohne Zeitdruck durchgeführt werden, was in der Regel einen erheblichen Vorteil mit sich bringt.

- Das Kreditgespräch sollte auf keinen Fall unangemeldet, gewissermaßen zwischen Tür und Angel, geführt werden. Es sollte stets vorher ein Termin vereinbart worden sein.

- Sie sollten sich auf das Kreditgespräch umfassend vorbereiten und Ihre Verhandlungsziele und -strategien vorher festlegen. Zur Vorbereitung gehört auch eine Vorbesprechung mit dem Steuerberater und/oder externen Berater.

Grundsätzliches zur Vorbereitung

Fortsetzung: Checkliste: Vorbereitung des Kreditgesprächs

- Sie sollten zum Kreditgespräch eine umfassende Präsentationsunterlage mitbringen, die alle Informationen zu den harten und weichen Faktoren enthält.

- Sind zu den weichen Faktoren Detailfragen zu behandeln, sollten Sie auch leitende Mitarbeiter Ihres Unternehmens heranziehen, die über die entsprechende Fachkompetenz verfügen (IT-Leiter, Controller etc.).

- Sie sollten auch Wert auf Ihre äußere Erscheinung (angemessene Kleidung) legen, da diese das Unternehmerbild, das der Kreditberater von dem Unternehmer gewinnt, zumindest unbewusst mit prägt. Ebenso sollten Sie auf die Wortwahl achten: Sprechen Sie nicht von „Geld" oder „Kredit", sondern von „Investition" oder „Kapital".

- Sie sollten, auch wenn Sie auf den beantragten Investitions- oder Betriebsmittelkredit dringend angewiesen sind, selbstbewusst und keinesfalls als Bittsteller auftreten. Selbstbewusstsein darf aber nicht mit Überheblichkeit verwechselt werden, da sonst keine Vertrauensbasis entstehen kann.

- Das Kreditgespräch beinhaltet auch die Notwendigkeit zu verhandeln. Es geht schließlich auch um Konditionen. Wer nicht verhandelt, zeigt sich als wenig kompetenter Unternehmer.

- Über das Kreditgespräch sollte ein Protokoll angefertigt werden, das die wichtigsten Gesprächsergebnisse schriftlich festhält. Dieses Protokoll sollten Sie sich vom Kreditberater bestätigen lassen.

- Das Angebot der Bank sollte sämtliche Konditionen wie effektiver Jahreszins, Tilgungsraten, erforderliche Sicherheiten etc. enthalten.

Das Kreditgespräch mit der Bank

Fortsetzung: Checkliste: Vorbereitung des Kreditgesprächs

- Es empfiehlt sich, zu dem von der Bank unterbreiteten Angebot Alternativangebote von anderen Banken einzuholen.
- Lehnt die Bank Ihren Kreditantrag ab, sollte die Ursache für die Ablehnung geklärt werden. Liegt es an der Bonitätseinstufung? Wenn ja, sollten Sie überlegen, ob und gegebenenfalls wie die Bedenken der Bank ausgeräumt werden können. Eventuell sollte auch überlegt werden, ob das beantragte Kreditvolumen reduziert werden kann. Schließlich kann auch mit anderen Banken verhandelt werden, um die notwendige Finanzierung zu sichern.

2. Präsentationsunterlagen

Wenn das Management sein grundlegendes Kreditgespräch unter dem Aspekt, dass das BIR eingesetzt wird, mit seinem Kreditberater führt, sollten umfassende Präsentationsunterlagen erarbeitet sein, die zu Beginn des Gesprächs vorgelegt werden. Diese Präsentationsunterlagen sollten auf der Basis der in diesem Buch unterbreiteten Analysevorschläge zu den Bündeln der harten und weichen Faktoren erstellt worden sein.

Es ist klar, dass viele mittelständische Unternehmen nicht über alle oder auch nur über Teile der Analyseergebnisse, insbesondere zu den weichen Faktoren, verfügen, die für die Erarbeitung einer optimalen Präsentationsunterlage erforderlich wären. Besser aber, Sie legen lückenhafte Präsentationsunterlagen vor als gar keine.

Solche Präsentationsunterlagen könnten wie folgt gegliedert sein:

Präsentationsunterlagen für das Kreditgespräch

Unternehmensorganisation	rechtliche Unternehmensstruktur, funktionale Unternehmensstruktur, Aufbauorganisation, Organigramm, Netzwerke, Kooperationen
Management	Topmanagement (Geschäftsleitung), Alter, Familienstand, Vermögensverhältnisse, Middle-Management
Nachfolgeregelung	für die Geschäftsleitung und das Schlüsselpersonal
Unternehmensvision	schriftlich fixiert
Unternehmensleitbild	schriftlich fixiert
Corporate Identity	CI-Konzept
Unternehmensstrategie	Ergebnisse der strategischen Planung, Ergebnisse der Chancen-Gefahren-Analyse, Ergebnisse der Stärken-Schwächen-Analyse, Marktstrategien
Produktion	technische Ausstattung, Anlagenabnutzungsgrad, Produktivitätsentwicklung, Wirtschaftlichkeitsentwicklung
Personal	Personalplanung, Personalentwicklung
Controlling	eingesetzte Controllinginstrumente
Marktfaktoren	Marktvolumen, Marktanteile, Marktforschungsergebnisse, Unternehmensimage, Zielgruppen, Konkurrenzforschung, Marketingmix
Harte Faktoren	Vergangenheitszahlen, Planzahlen, Aufdeckung der stillen Reserven

Zu den harten Faktoren, die für die Mehrzahl der Unternehmen mit 60 % Gewichtsanteil in das BIR eingehen, ist zu bemerken:

In den Präsentationsunterlagen sollten sämtliche Jahresabschlusskennzahlen zur Ertragslage, zur Vermögenslage und Kapitalstruktur und zur Finanzlage, die in das BIR eingehen, in aufbereiteter Form dargestellt werden:

- als *Vergangenheitszahlen* (zum Beispiel für die letzten drei Jahre) mit den absoluten und prozentualen Abweichungen gegenüber den Vorjahren, damit die Entwicklung des Unternehmens deutlich wird,

Das Kreditgespräch mit der Bank

- als *Planzahlen*, mindestens für die kommenden zwei Jahre, um die erwartete Entwicklung des Unternehmens aufzuzeigen, wenn möglich, auch Plan-Gewinn- und Verlustrechnungen für die beiden Planjahre.

Fazit:

Verstehen Sie Basel II und das BIR als Wendepunkt für Ihr Unternehmen. Gehen Sie in die Offensive und leiten Sie eine neue Ära der Zusammenarbeit mit Ihrer Bank ein. So bringt das Kreditrating nicht nur den Banken Vorteile, sondern auch optimalen Nutzen für die mittelständischen Unternehmen – wie das Ihre.

Beratungsangebot für das Kreditrating mittelständischer Unternehmen nach Basel II

Um das bankinterne Rating nach Basel II erfolgreich zu bestehen und ein gutes Ratingergebnis zu erzielen, muss jedes Unternehmen seiner Hausbank ein schlüssiges Konzept vorlegen. Die Softwaregilde GmbH entwickelt auf Anforderung für mittlere und kleine Unternehmen dieses Gesamtkonzept sowie eine Präsentationsunterlage, die auf die Verbesserung der mittel- und langfristigen Zusammenarbeit mit der Hausbank und die Finanzsicherung des Unternehmens zielen; sie bietet folgende Service- und Beratungsleistungen:

- Erstellen der aussagekräftigen Präsentationsunterlagen sowie Überprüfen und Überarbeiten des bereits von Ihnen entwickelten Konzeptes für das Kreditgespräch mit Ihrer Haubank.

- Unterstützung bei der Optimierung der harten Faktoren (Kennzahlenwerte aufgrund der Jahresabschlussanalyse) und der weichen Faktoren (Management, Controlling, Marktfaktoren u. dgl.) Ihres Unternehmens. Falls gewünscht, Optimierung einzelner ausgewählter Ratingfaktoren.

- Auf Wunsch begleiten wir Sie auch zum Kreditgespräch mit Ihrer Hausbank.

Softwaregilde GmbH
Jakob Wolf
Oberfeldweg 11
93049 Regensburg
www.softwaregilde.de

Praxishilfen

Bilanzgliederungsschema §266 HGB

Aktivseite

A. Ausstehende Einlagen
 – davon eingefordert:
B. Aufwendungen für die Ingangsetzung und Erweiterung des Geschäftsbetriebs
C. Anlagevermögen
 I. Immaterielle Vermögensgegenstände
  1. Konzessionen, gewerbliche Schutzrechte und ähnliche Rechte und Werte sowie Lizenzen an solchen Rechten und Werten
  2. Geschäfts- und Firmenwert
  3. geleistete Anzahlungen
 II. Sachanlagen
  1. Grundstücke, grundstücksgleiche Rechte und Bauten einschließlich der Bauten auf fremden Grundstücken
  2. technische Anlagen und Maschinen
  3. andere Anlagen, Betriebs- und Geschäftsausstattung
  4. geleistete Anzahlungen und Anlagen im Bau
 III. Finanzanlagen
  1. Anteile an verbundenen Unternehmen
  2. Ausleihungen an verbundene Unternehmen
  3. Beteiligungen
  4. Ausleihungen an Unternehmen, mit denen ein Beteiligungsverhältnis besteht
  5. Wertpapiere des Anlagevermögens
  6. sonstige Ausleihungen
   – von den Ausleihungen Nummern 2, 4 und 6 sind durch Grundpfandrecht gesichert:
D. Umlaufvermögen
 I. Vorräte
  1. Roh-, Hilfs- und Betriebsstoffe
  2. unfertige Erzeugnisse
  3. fertige Erzeugnisse und Waren
  4. geleistete Anzahlungen
 II. Forderungen und sonstige Vermögensgegenstände
  1. Forderung aus Lieferungen und Leistungen
   – davon mit einer Restlaufzeit von mehr als 1 Jahr:
  2. Forderungen gegen verbundene Unternehmen
   – davon mit einer Restlaufzeit von mehr als 1 Jahr:
  3. Forderungen gegen Unternehmen, mit denen ein Beteiligungsverhältnis besteht
   – davon mit einer Restlaufzeit von mehr als 1 Jahr
  4. sonstige Vermögensgegenstände
 III. Wertpapiere
  1. Anteile an verbundenen Unternehmen
  2. eigene Anteile
  3. sonstige Wertpapiere
 IV. Flüssige Mittel
  Schecks, Kassenbestand, Bundesbank- und Postscheckguthaben, Guthaben bei Kreditinstituten
E. Rechnungsabgrenzungsposten
 I. Abgrenzungsposten für latente Steuern
 II. Sonstige Rechnungsabgrenzungsposten

Passivseite

A. Eigenkapital
 I. Gezeichnetes Kapital
 II. Kapitalrücklage
 III. Gewinnrücklagen
  1. gesetzliche Rücklage
  2. Rücklage für eigene Anteile
  3. satzungsmäßige Rücklagen
  4. andere Rücklagen
 IV. Gewinnvortrag/Verlustrechnung
 V. Jahresüberschuss/Jahresfehlbetrag
B. Sonderposten mit Rücklageanteil
C. Rückstellungen
 1. Rückstellungen für Pensionen und ähnliche Verpflichtungen
 2. Steuerrückstellungen
 3. Rückstellung für latente Steuern
 4. Sonstige Rückstellungen
D. Verbindlichkeiten
 1. Anleihen
  – davon konvertibel:
  – davon Restlaufzeit bis zu 1 Jahr:
 2. Verbindlichkeiten gegenüber Kreditinstituten
  – davon Restlaufzeit bis zu 1 Jahr:
 3. erhaltene Anzahlungen auf Bestellungen
 4. Verbindlichkeiten aus Lieferungen und Leistungen
  – davon Restlaufzeit bis zu 1 Jahr:
 5. Verbindlichkeiten aus der Annahme gezogener Wechsel und der Ausstellung eigener Wechsel
  – davon Restlaufzeit bis zu 1 Jahr:
 6. Verbindlichkeiten gegenüber verbundenen Unternehmen
  – davon Restlaufzeit bis zu 1 Jahr:
 7. Verbindlichkeiten gegenüber Unternehmen, mit denen ein Beteiligungsverhältnis besteht
  – davon Restlaufzeit bis zu 1 Jahr:
 8. sonstige Verbindlichkeiten
  – davon aus Steuern:
  – davon im Rahmen der sozialen Sicherheit:
  – davon Restlaufzeit bis zu 1 Jahr:
E. Rechnungsabgrenzungsposten

Hinweis:

Dieses Gliederungsschema entspricht §266 Abs. 2 und 3 HGB. Für das nicht eingezahlte Kapital wurde die aktivische Ausweisform (§272 Abs. 1 Satz 2) gewählt. Kleinformatige Unternehmen brauchen nur die mit Buchstaben und römischen Ziffern versehenen Positionen anzugeben, mittelformatige Unternehmen darüber hinaus die *kursiv* gedruckten arabischen Positionen. Die Position C. 3. auf der Passivseite ist jedoch stets separat auszuweisen.

Praxishilfen

Gliederung der Gewinn- und Verlustrechnung nach dem Gesamtkostenverfahren

		Geschäftsjahr EUR	Vorjahr EUR
1. Umsatzerlöse		....	....
2. Erhöhung oder Verminderung des Bestandes an fertigen und unfertigen Erzeugnissen	+ / ./.	....	....
3. andere aktivierte Eigenleistungen	+	....	....
Gesamtleistung (*)	=	....	....
4. sonstige betriebliche Erträge	+	....	....
– davon Erträge aus der Auflösung von Sonderposten mit Rücklagenanteil (*)			
– davon Kursgewinne (*)			
5. Materialaufwand			
a) Aufwendungen für Roh-, Hilfs- und Betriebsstoffe für bezogene Waren	./.	....	....
b) Aufwendungen für bezogene Leistungen	./.	....	....
Rohergebnis (*)	=	....	....
6. Personalaufwand			
a) Löhne und Gehälter	./.	....	....
b) soziale Abgaben und Aufwendungen für Altersversorgung und für Unterstützung			
– davon für Altersversorgung	./.	....	....
7. Abschreibungen			
a) auf immaterielle Vermögensgegenstände und Sachanlagen sowie aktivierte Aufwendungen für die Ingangsetzung und Erweiterung des Geschäftsbetriebs	./.	....	....
– davon außerplanmäßige Abschreibungen (*)			
– davon steuerliche Sonderabschreibungen (*)			
b) auf Vermögensgegenstände des Umlaufvermögens, soweit diese die in dem Unternehmen üblichen Abschreibungen überschreiten	./.	....	....
– davon unübliche Abschreibungen (*)			
– davon steuerliche Sonderabschreibungen (*)			
8. sonstige betriebliche Aufwendungen	./.	....	....
– davon Einstellungen in den Sonderposten mit Rücklagenanteil gem.			
§ 6b EStG	....		
§ 6d EStG	....		
Abschnitt 35 EStR	....		
usw.			
Betriebsergebnis (*)	=	....	....

Praxishilfen

Fortsetzung: Gliederung der Gewinn- und Verlustrechnung

		Geschäftsjahr EUR	Vorjahr EUR
9. Erträge aus Beteiligungen	+	....	....
– davon aus verbundenen Unternehmen			
Erträge aus Verlustübernahmen	+	....	....
Erträge aus Gewinngemeinschaften	+	....	....
Erträge aus Gewinnabführungsverträgen	+	....	....
10. Erträge aus Wertpapieren und Ausleihungen des Finanzanlagevermögens	+	....	....
– davon aus verbundenen Unternehmen			
11. sonstige Zinsen und ähnliche Erträge	+	....	....
– davon aus verbundenen Unternehmen			
12. Abschreibungen auf Finanzanlagen und auf Wertpapiere des Umlaufvermögens	./.	....	....
13. Zinsen und ähnliche Aufwendungen	./.	....	....
– davon betreffend verbundene Unternehmen			
Aufwendungen für Verlustübernahmen	./.	....	....
Aufwendungen für Gewinngemeinschaften	./.	....	....
Aufwendungen für Gewinnabführungsverträge	./.	....	....
Finanzergebnis (*)	=	....	....
14. Ergebnis der gewöhnlichen Geschäftstätigkeit (= Betriebsergebnis + / ./. Finanzergebnis)	=	....	....
15. außerordentliche Erträge	+	....	....
16. außerordentliche Aufwendungen	./.	....	....
17. außerordentliches Ergebnis	=	....	....
Unternehmensergebnis vor Steuern (*) (Position 14 + 17)	=	....	....
18. Steuern vom Einkommen und Ertrag	./.	....	....
19. sonstige Steuern	./.	....	....
20. Jahresüberschuss/Jahresfehlbetrag	=	....	....

Die mit (*) gekennzeichneten Positionen sollten sinnvollerweise in der G & V ausgewiesen werden, ohne dass die GmbH dazu verpflichtet wäre.

Literaturhinweise

Barthel, Carl W.: Handbuch der Unternehmensbewertung. Behördenverlag Jüngling-gbb, München
Benzel, Wolfgang/Wolz, Eduard: Schnellkurs Jahresabschluss. Metropolitan Verlag, Berlin/Regensburg
Bloemer, Vera: Interim Management: Top-Kräfte auf Zeit. Aufgaben – Auswahl – Kosten. Metropolitan Verlag, Berlin/Regensburg
Gehringer/ Joachim/Michel, Walter: Frühwarnsystem Balanced Scorecard. Metropolitan Verlag, Berlin/Regensburg
Gehringer, Joachim/Pawlik, Henning: Das Beraterhandbuch. Für Coaches, Unternehmer und Führungskräfte. Metropolitan Verlag, Berlin/Regensburg
Munsch, M./Weiß, B.: Rating. DIHT-Verlag, Berlin
Paul, St./Stein, St.: Rating. Basel II und die Unternehmensfinanzierung. Bankverlag, Köln
Presber, Ralf/Stengert, Uwe: Kreditrating. Schäffer-Poeschel, Stuttgart
Rödl, Bernd/Wambach, Martin: Rating. Finanzierung für den Mittelstand. Verlag Frankfurter Allgemeine Zeitung, Frankfurt/Main
Schiller, Bettina/Tytko, Dagmar: Risikomanagement im Kreditgeschäft. Schäffer-Poeschel, Stuttgart
Vollmer, Marianne: Schlüsselposition Führungskraft. Vorgesetzte als Verbündete – Unternehmen als Partner. Metropolitan Verlag, Berlin/Regensburg

Wichtige Internetadressen

www.bundesbank.de
www.creditreform-rating.de
www.euroratings.com
www.crestascore.de
www.fitchratings.com
www.gdur.de
www.hermes-kredit.com
www.kfw.de
www.mittelstandskredit.de
www.moodys.com
www.rating-services.de
www.softwaregilde.de (= Firma des Autors)
www.standardandpoors.com
www.ura.de

Stichwortverzeichnis

Absatzwege 201
Abschreibungen 65
Abwicklungsfall 122
Anhang 51, 62
Anlagenabnutzungsgrad 153
Anlagendeckungsgrad 122
Anlagengitter 50
atypischer stiller Gesellschafter 108
Aufbereitung der Bilanz 58
Aufbereitung der Gewinn- und
  Verlustrechnung 63
Aufbereitung des Jahresabschlusses
  57
Aufstellungsfrist 57
Aus-, Weiter- und
  Fortbildungsplanung 158
Ausfallrisiko 26, 35
Ausfallwahrscheinlichkeit 37, 39
Außerordentliches Ergebnis 67

Bankinterne Ratingsysteme
  (Ratingmethoden) 26
Bankinternes Rating (BIR) 15, 21
bankmäßige Sicherheiten 37, 40
Basisinformationen 182
Befragung 175
Bekanntheitsgrad eines
  Unternehmens 197
Bereinigung 58
Beschaffungspolitik 156
Bestandserhöhung 51
Beteiligungen 108
Betriebsergebnis 65, 91
Betriebsergebnis (EBITDA) 92
Betriebsgröße 49
Betriebsgrößenklassen 49, 54
Betriebshandelsspanne 81, 83, 94
betriebswirtschaftliche Auswertung
  (BWA) 163
Bilanz 49

bilanzielles Eigenkapital 104
Bonitätsanalyse 26
Bonitätseinstufung 24, 41, 205
Bonitätsklasse 27, 35
Bonitätsprämie 38
Bonitätsurteil 26, 34, 41
Branchenvergleich 29, 74, 76
Break Even Point (BEP) 83
Businessplan 83

Cash Cows 149
Cashflow 22, 23, 123
Cashflow-Rate 127
Cashmanagement 169
Chancen-Gefahren-Analyse 145, 151
Controlling 43, 117, 134, 161, 170
Corporate Identity (CI) 138
Cross-Selling 40

DATEV 163
Debitorenmanagement 117, 166
Deckungsbeitragsrechnung 166
Distributionspolitik 200
durchschnittliche Bilanzsumme 101

EBIT 91
Eigenkapital 47
eigenkapitalersetzendes
  Gesellschafterdarlehen 105
Eigenkapitalquote 29, 103, 107, 115
Eigenkapitalunterlegung 12, 16, 22,
  38
Einheitsbilanz 46
Ergebnis der gewöhnlichen
  Geschäftstätigkeit 66
Ergebnisplanung 82
Ertragslage 85
Existenzgründungsdarlehen 83
Externes Rating 15
Factoring 109

Stichwortverzeichnis

faire Bonitätsprämie 35, 40
Finanzergebnis 66, 98
Finanzlage 118
Finanzplan 169
Firmenimage 177
Firmenkundenberater 31, 32, 36
fixe Kosten 192
Fremdkapitalquote 110

Gesamtgewicht 29, 33
Gesamtkapital 103
Gesamtkostenverfahren 50
Gesamtleistung 63
Gesamtvermögensumschlag 102
Gewinn vor Steuern 66, 89
Gewinn- und Verlustrechnung 47, 50
Gewinnschwelle 83
Gewinnverwendung 66, 68
Gewinnziel 143
goldene Bankregel 122
Gruppenumsatzpotenzial 174

Halbeinkünfteverfahren 107
Handelsbilanz 46, 55
Handelsbilanzgewinn 56
Handelsmanagement 189
handelsrechtlicher Jahresabschluss 46
Harte Faktoren 27, 28, 33, 42
Hauptabschlussübersicht 55

Imitationsstrategie 150
Informationstechnologie 44
innerbetrieblicher Zeitvergleich 50, 74
Insolvenzursachenforschung 135, 152, 162
Instrumentalinformationen 182
Istkostenrechnung 166

Jahresabschluss 28, 46, 163
Jahresabschlussanalyse 57, 63
Jahresfehlbetrag 68
Jahresüberschuss 68, 71, 93

Kalkulation 166
kalkulatorische Miete 98
kalkulatorischer Unternehmerlohn 88
Kapital für Arbeit 109
Kapitalbeteiligungsgesellschaft 108
Kapitalbindungsdauer 60
Kapitalumschlag 86
Kennzahlenvergleich 74, 84
Key-Account-Management 201
Kommunikationspolitik 195
Konditionenpolitik 194
Konkurrenzforschung 180
Kontensaldierung 208
Kontenverhalten 25, 43, 169, 204
Kontodatenanalyse 207
Kontoinanspruchnahme 205
Kontokorrentlinie 205
Kostenarten 166
Kostenplanung 81
Kostenrechnung 165
Kostenstellen 165
Kostensteuern 68
Kreditberater 31, 32, 36
Kreditgespräch 210
Kreditkonditionen 25, 35
Kreditorenlaufzeit 129
Kreditrisiko 12, 18
Kreditwesengesetz 132
Kreditwürdigkeitsprüfung 132
kurzfristiges Fremdkapital 61

Lagebericht 48, 53
Lagerdauer 115
Lagerumschlag 113
Lebenszyklus 188
Leerpositionen 67
Leistungsentlohnung 160
Leitbild 138
Lieferantenschulden 112
Lieferbedingungen 194
Liquidität 118
Liquiditätsanalyse 121
Liquiditätsgrade 119

Stichwortverzeichnis

Liquiditätsplanung 122
Liquiditätssteuerung 166

Management 42
Management by Objectives 158
Management by Results 160
Managementinformationen 182
Managementinformationssystem 167
Marketing 43
Marketingmix 187, 195
Marketingstrategie 178
Marktanteil 148, 173, 182
Marktanteilswachstum 182
Marktattraktivität 144
Marktfaktoren 43, 172
Marktforschung 175
Marktmiete 99
Marktsegmentierung 179
Marktwachstum 144
Materialaufwand 94
Materialproduktivität 155
Medienkombination 197
Middle-Management 135, 137
Mietaufwandsquote 98
Mindesteigenkapitalanforderungen 12
Mindestzinsmarge 38
Mobilien- oder Immobilienleasing 109

Nachfolgeregelung 136, 152
negatives Kapitalkonto 104
Net Working Capital 120
Netto-Cashflow 125
Nettogesamtschulden 59, 128
Normstrategien 150

Oberziele 142
operativer Gewinn 66, 91
Organisationsform 201
Outsourcing 95

Pensionsrückstellungen 105
Personalaufwand 65, 88

Personalaufwandsquote 96
Personalbedarfsplanung 158
Personaleinsatzplanung 158
Personalentwicklung 160
Personalplanung 158
Personalproduktivität 75, 97
persönliches Interview 177
Plan-Gewinn- und Verlustrechnung 80
Plankennzahlen 78
Planung 168
Poor Dogs 150
Portfolioanalyse 144
Portfoliomatrix 151
Präsentationsunterlagen 214
Preis- und Konditionenpolitik 191
Preisbündelung 193
Preisdifferenzierung 192
Preisimage 197
preispolitische Strategien 192
Preisuntergrenzen 193
Primärforschung 176
Produktimage 177
Produktion 43, 153
Produktpolitik 187
Produktvariationen 188
Prognosebericht 53

Qualitätssicherungssystem 155
Question Marks 149

Rating (Kreditrating) 14
Ratingagenturen 16, 20, 24, 31
Ratingergebnis 41
Ratingklassen 18
Ratingnote 37, 69
Ratingprozess 16, 32, 36
Ratingskala 170
Ratingsystem 27, 35
relativer Marktanteil 144, 147
Return on Investment (ROI) 86
Risikoinventar 44
Risikoklasse 27, 35, 39

Stichwortverzeichnis

Risikoklassen 25
Risikomanagement 44
Risikopolitik 35
Risikoprämie 38, 40
Rohertrag 64
Rohertragsquote 64, 81, 93, 164
ROI (Eigenkapital) 87
Rückstellungen 111

Saldierung 58
Schuldendienstfähigkeit 63, 128
Schuldentilgungsdauer 128
Schwebende Geschäfte 62
Scoring Modell 132
Sekundärforschung 175
Sekundärstatistik 173
Selbstfinanzierung 107
Soll-Ist-Vergleich 74, 84
Sonderposten mit Rücklageanteil (SOPO) 60
Sonstige betriebliche Aufwendungen 65
Sonstige betriebliche Erträge 64
sonstige finanzielle Verpflichtungen 62
Sortimentspolitik 188
Stärken-Schwächen-Analyse 151
Stars 149
Steuerbilanz 46, 55, 105
Steuern vom Einkommen und vom Ertrag 67
steuerrechtlicher Jahresabschluss 46, 55
stille Reserven 42, 58, 69, 84, 105
Strategien 144
strategische Geschäftseinheiten (SGEs) 144
Submix 195

Tausenderkontaktpreis 198

technische Ausstattung 153
Topmanagement 135
true and fair view 118

Umsatzerfolg 79
Umsatzplanung 80
Umsatzrendite 86, 89, 93
Umschlagsdauer der Forderungen 116
Umschlagsdauer der Kreditoren 129
Umweltrisiken 156
Unternehmensplanung 158
Unternehmensstrategie 141, 151
Unternehmensvision 138

variable Kosten 192
Venture-Capital-Gesellschaften 108
verdichtete Strukturbilanz 61
Verschuldungsgrad 112
Vollkostenrechnung 166

Warenwirtschaftssystem 190
Weiche Faktoren 27, 29, 30, 33, 133
Werbebudget 197
Werbeplanung 196
Werbeziele 196
Werbung 195
Wertschöpfungsquote 94
wirtschaftliches Eigenkapital 72, 106

Zahlungsbedingungen 194
Zahlungsmoral 116, 205
Zeitlohn 160
Ziel der Unternehmenssicherung 143
Zielentscheidungen 142
Zielgruppen 179
Zielsystem 143
Zinsaufwandsquote 97
Zinsmargen 40
Zinszuschlag 39